Helmut Herberg

Von Eseln, Querdenkern und Habenichtsen

Helmut Herberg

Von Eseln, Querdenkern und Habenichtsen

31 humorvolle Geschichten zur Bibel

rex verlag luzern

Für seine narrativ seelsorgerlichen Predigten »Von Eseln, Querdenkern und Habenichtsen« wurde Helmut Herberg im Januar 1998 mit dem »Bibelpreis der Evangelischen Landeskirche Württemberg 1997« ausgezeichnet.

meiner Frau Margot

Die Deutsche Bibliothek – CIP-Einheitsaufnahme

Herberg, Helmut:
Von Eseln, Querdenkern und Habenichtsen :
31 humorvolle Geschichten zur Bibel / Helmut Herberg. –
Luzern: Rex-Verl., 1998
ISBN 3–7252-0672–4

Umschlagillustration: Mariann Bürgi, Oberwil b. Büren
Gesamtherstellung: Ebner Ulm
ISBN 3–7252-0672–4

INHALTSVERZEICHNIS

Einleitung

Das Thema der Geschichten

Menschen sehnen sich nach Verlässlichkeit und Gewissheit. Und das nicht erst in unserer Zeit. Von Moses, dem Mann Gottes, erzählt die Bibel, dass er brennend darauf wartete, Gott von Angesicht zu Angesicht zu sehen, sodass alle Zweifel zur Ruhe kommen. Doch diese Bitte wird ihm nicht erfüllt. Mose kann dem vorüberziehenden Gott nur hinterhersehen. »Mein Angesicht kannst du nicht sehen!« Aber, so muss die weitere Antwort Gottes übersetzt werden: »Es ist Raum neben mir. Stell dich auf den Fels!« Es ist Raum neben mir! Lebensraum für dich! Raum der Freude, der Geborgenheit, der Vergebung. Wie eine Grundmelodie durchklingt diese Gotteserfahrung die ganze Bibel: »Du, Gott, stellst meine Füße auf weiten Raum . . .« (Psalm 31).
Die in diesem Band zusammengestellten Geschichten erzählen davon, wie Menschen und Tiere in der Schöpfung Gottes leben und ihm alltäglich begegnen. Denn so weitet sich der Horizont und Türen zu neuen Lebensräumen tun sich auf.

Biblische Grundlagen und Theologie

Die Geschichten orientieren sich eng an biblischen Texten. Dabei ist exegetisches Grundwissen so in die Erzählweise miteinbezogen, dass das in eine ganz bestimmte Zeit hineingesprochene Wort Gottes heute hörbar wird.
Alle Geschichten erzählen von Gott, »der die Toten lebendig macht« (Römer 4/17), der uns herauslockt aus der Enge in die Weite, aus der Trauer in die Freude, aus der Angst ins Vertrauen . . . Die Geschichten laden ein, sich auf den spannenden und schweren Weg des Glaubens einzulassen und zu wissen: Wir sind Nachfolgende, denn Gott geht uns voraus. Indem biblische Texte mit Alltagserfahrun-

gen verbunden werden, kommen Grundfragen des Glaubens zur Sprache.

Abschnitte als Räume – Gott gibt uns Lebensraum

Die kurzen Einleitungen zu den einzelnen Kapiteln sind Raumbeschreibungen. Leserinnen und Leser sind eingeladen sich umzuschauen, Vertrautes zu erkennen und Neues zu entdecken, sodass sie selbst ermutigt werden, von dem zu reden, was sie mit Gott erlebt haben.
Das erste Kapitel enthält Schöpfungsgeschichten. Sie sind an dem Sieben-Tage-Rhythmus der biblischen Erzählung orientiert und haben einen engen inneren Zusammenhang. Dass der Grund der Welt Freude ist und die Botschaft Gottes Evangelium heißt, davon erzählen die Geschichten »Glück macht stark« oder »Ich kann wieder lachen!« aus dem II. Kapitel. Im III. Kapitel steht das Dennoch des Glaubens angesichts von Leid, Tod und Schuld im Mittelpunkt der Erzählungen. In allen Texten geht es darum zu erspüren, wie sich der Horizont weitet und neue, bisher noch unbekannte Lebensräume und Wege sichtbar werden. Der Traum, geschwisterlich zu leben, kann von der Utopie zur Realität werden, wenn die Vision des Propheten Jesaja wahrgenommen wird: »Mach den Raum deines Zeltes weit, spann deine Zelttücher aus, ohne zu sparen. Mach die Stricke lang und die Pflöcke fest.« (Jesaja 54,2). Weil Gott Raum gibt, können wir Menschen einander Raum, Lebensraum, geben.

Einsetzungsmöglichkeiten in der Praxis

Auf eine Gliederung nach den Festen des Kirchenjahres wurde bewusst verzichtet. Durch Überschriften, Textbezüge und die in Klammern gesetzten Bibelstellen lassen sich die Geschichten jedoch leicht den Themenkreisen Advent, Weihnachten, Ostern und Pfingsten zuordnen.
Angesprochen sind sowohl Erwachsene als auch Jugendliche

und Kinder. Am Schluss eines jeden Kapitels stehen Texte, die sich besonders für Gruppen mit kleineren Kindern eignen. Außerdem lassen sich die Geschichten als erzählende Predigten in Familiengottesdiensten einsetzen, als Gesprächsimpulse für Bibelkreise, in Glaubensseminaren, Jugendgruppen oder Schulklassen, zum Vorlesen im Altersheim oder im Krankenhaus.
Jede Geschichte ist in sich eine Einheit und ist zugleich offen für Querverbindungen in der ganzen Sammlung. Die Tiergeschichten sind über den ganzen Band verstreut und bilden ein Büchlein im Buch. Aufmerksame Leserinnen und Leser werden sich mit den Protagonisten oder auch humorvoll mit dem Esel identifizieren können und Jesus auf dem Weg nach Jerusalem sowie auf der Flucht nach Ägypten begleiten.
Mit Absicht bleiben viele Fragen offen. Die Texte sollen die LeserInnen ermutigen eigene Antworten zu suchen, die Geschichten weiterzudenken und so fortzuschreiben. Raum geben heißt auch trösten. So sind alle Geschichten eine geschriebene Einladung, offen zu sein für befreiende Gottesbegegnungen im Alltag: Offen zu sein für das, was Gott noch mit uns vorhat.

I. IN GOTTES WELT ZU HAUSE SEIN

Kein biblischer Text hat so viele Vorstellungen, Gedanken und Bilder anderer Völker und Kulturkreise aufgenommen wie die Schöpfungsgeschichte im ersten Kapitel, die zur Zeit der Babylonischen Gefangenschaft geschrieben wurde. Eine Weite tut sich auf, die uns staunen lässt und über unsere eigene Enge beschämt.
In den hier zusammengestellten Geschichten wird deutlich, dass der Glaube an den einen Gott, den Schöpfer von Himmel und Erde, dennoch offen war für die vielfältigen Völker. Auch aus ihnen hört der Schreiber des biblischen Textes Gottes Stimme.
Jede Geschichte ist in sich geschlossen und doch hängen alle eng miteinander zusammen, sodass einige als Fortsetzungsgeschichten gelesen werden können. Die Schöpfungswerke Gottes, von denen die Geschichten erzählen, weisen uns hin auf die Größe und das Geheimnis Gottes. Er hat die Erde als Lebensraum für die Menschen und die Tiere geschaffen. Dem Menschen aber wird die spezifische Aufgabe übertragen, die Erde wie einen ihm anvertrauten Garten fürsorglich zu pflegen. Die Einladung Gottes zu staunen, fröhlich zu sein und das Leben auf dieser Erde zu genießen, durchzieht alle Geschichten dieses Kapitels und ist zugleich der Grundstein für den nächsten Abschnitt und alles Folgende: Die Freude wieder entdecken. Für Alt und Jung sind die beiden Geschichten: »Wie Gott den Esel schuf« und »Jedes Jahr ist der Tisch gedeckt« geeignet. Sie können besonders für Familiengottesdienste zum Thema Bewahrung der Schöpfung oder zum Erntedankfest eingesetzt werden.

1. Gott schenkt der Welt Zeit

(1. Mose 1, 1–5)

»Was glaubst du, Jochanan, wie hat das alles angefangen? Ich meine, du kennst doch unsere Antwort von Marduk, dem Gott der Babylonier:
Am Anfang gab es nur Wasser, Marduk hat den Urdrachen, die Tiamat, mit einem riesigen Netz gefangen und getötet. Aus der toten Tiamat bildete Marduk den Himmel und die Erde. Was glaubt ihr? Euer Gott, so sagt ihr, habe euch aus Ägypten befreit. Ihr hofft, er werde euch auch aus der Gefangenschaft bei uns befreien. Aber habt ihr keine Antwort auf die Frage, wie alles angefangen hat?« Jochanan, sonst nicht um eine Antwort verlegen, sagte kurz und knapp: »Nein, keine.«
»Aber«, begann sein Gegenüber wieder, »es ist doch wichtig zu wissen, wie alles begann! Es könnte doch sein, dass der Anfang den Keim des Endes in sich trägt?«
»Ich werde darüber nachdenken«, sagte Jochanan und er spürte, dass ihm eine neue Aufgabe zugewachsen war.
»Es könnte doch sein, dass der Anfang der Keim des Endes in sich birgt.« Dieser Satz ließ ihn nicht mehr los.
Warum, warum haben weder unsere Väter noch die Propheten etwas über den Anfang gesagt?
Jochanan schüttelte den Kopf. Ich kenne mich doch wahrhaftig gut aus. Nichts. Nichts über den Anfang! Wenn es aber stimmt, dass der Anfang den Keim des Endes in sich trägt, dann . . .
In den kommenden Tagen ließ sich Jochanan immer wieder die babylonische Geschichte vom Anfang der Welt erzählen. Vielleicht, so dachte er, vielleicht finde ich einen Denkanstoß, eine Wahrheit, die sich mit unserer Gotteserfahrung, mit unserem Bekenntnis »Gott ist der Befreier« verbinden lässt! Er studierte die Inschriften auf den Steintafeln an den Gebäuden,

die zu Ehren Marduks gebaut worden waren. Dann schaute er lange die Bilder vom Sieg Marduks über Tiamat an – vergeblich.

Warum?, fragte er sich dabei eines Tages. Warum will ich wissen, wie alles begann? Ich weiß doch, dass Du, Gott der Väter, ich weiß, dass Du da bist, das ist mir genug. Wenige Tage später – Jochanan hatte die Frage nach dem Anfang fast vergessen – geschah ihm etwas sehr Ungewöhnliches: Er nahm, wie alle Tage, lange vor Sonnenaufgang sein Bad im Euphrat. Stieg tief in die Flut hinein und schwamm ein Stück mit dem dunklen Strom. Unheimlich wurde ihm. Er glaubte einen Augenblick, Teil des Stromes zu sein und in die Tiefe gezogen zu werden. Aber, sagte er sich, mein Kopf, mein Kopf ist über dem Wasser! Er versuchte die Umrisse des Ufers zu erkennen, schwamm auf einen Baum zu, klammerte sich an die Wurzeln und zog sich ans Ufer. Nachdem er sich trocken gerieben hatte, entschloss er sich auf den kleinen Hügel zu steigen, um die aufgehende Sonne zu begrüßen. Der Platz auf dem Hügel war ihm vertraut. Oft hatte er dort gesessen und der untergehenden Sonne nachgeschaut. Noch nie habe ich von hier oben den Aufgang der Sonne erlebt, sagte er sich und stieg den schmalen Trampelpfad der Schafe empor. Hoch oben auf dem Hügel ging ein leichter Wind. Er fror. Jetzt, jetzt schickte die Sonne ihre ersten Strahlen! Sie erreichten nur seinen Kopf. Jochanan schloss die Augen. Er spürte die Wärme der Sonne auf seinem Gesicht, breitete die Arme aus und sagte: »Du alles Wirkender, danke für das Licht der Sonne, danke für den neuen Tag, danke für die Zeit.«

Ein Zucken ging durch Jochanans Körper: »Ja«, rief er, »so muss es begonnen haben! Gott schenkte der Welt und den Menschen das Licht und mit dem Licht die Zeit, die Zeit im Rhythmus von Tag und Nacht.«

Voller Sorge, die neuen Gedanken könnten unterwegs verlo-

ren gehen, rannte Jochanan den Hügel hinunter, lief nach Hause und schrieb:
Gott machte zuerst das Licht und teilte es ein in Tag und Nacht. So entstand die Zeit. Zeit, Lebenszeit, das erste Geschenk Gottes.
Jochanan atmete tief durch. Der Anfang war gemacht! Er legte sich auf sein Bett und spürte eine tiefe Müdigkeit. Langsam, ganz langsam stieg die Angst beim Schwimmen im Euphrat wieder in ihm hoch. Die Angst vor der unheimlichen dunklen Tiefe. Er sah sich gleichsam selbst, wie er seinen Kopf übers Wasser hielt und ans Ufer schwamm.
Ja, sagte er sich, ja, so muss es gewesen sein: Die Erde war wüst und leer. Unheimlich. Und es war finster auf der Tiefe und der Geist Gottes schwebte auf dem Wasser. Jochanan stutzte. Da fehlt noch etwas. Woher kommt das Wasser? Es war doch noch gar nicht da!
Lange trug Jochanan diese Frage in sich. Alle ihm bekannten Schöpfungserzählungen setzten voraus, dass etwas da ist, die meisten sagen: das Wasser, aus dem später alles Leben hervorgeht.
Wieder war es der Platz auf dem Hügel, wo er die Antwort fand.
Jochanan saß dort und schaute hinunter auf den Fluss, der ruhig dahinfloss und gleichzeitig die Abendsonne spiegelte. Bewegung und Ruhe. Die Sonne im Wasser. Es bleibt ein Geheimnis, sagte sich Jochanan, und als er zu Hause in seinem Schreibzimmer saß, schrieb er als Leitsatz über seine Gedanken: *Am Anfang machte Gott den Himmel und die Erde: Am Anfang.* Ja, weiter werden wir mit unserem Denken nicht kommen. Mit jeder Antwort auf eine Frage stehen wir am Anfang einer neuen Frage. Am Anfang: wer das versteht, versteht alles. Jochanan las sich den Satz noch einmal laut vor. *»Am Anfang machte Gott den Himmel und die Erde.«* Nein, nicht so wie Menschen etwas machen! Jochanan strich das Wort

assah durch und schrieb *bara*. Gottes Schaffen ist mit keinem menschlichen Tun und Denken vergleichbar.
Gottes schöpferisches Tun ist anders als das Schaffen, Bauen und Arbeiten der Menschen. *Bereschit bara*. Am Anfang schuf Gott! Ja, jetzt stimmt es.
Aber wie?, werden sich alle fragen. Wie hat Gott die Welt erschaffen? Jochanan stützte den Kopf in beide Hände. Ja, jede Erkenntnis, jedes geschriebene Wort wirft neue Fragen auf. Ich stehe wieder am Anfang!
Wie schafft Gott? Diese Frage trieb ihn ein halbes Jahr um, ohne dass er seine Antwort fand. Bis ihm dann – ganz unverhofft – die Antwort zufiel. Das kam so:
Sein 10-jähriger Sohn behauptete beim Abendessen: »Die babylonischen Händler betrügen die Leute, sie fälschen die Gewichte und das Maß!« Jochanan, der viele Freunde unter den Händlern hatte, fragte erbost zurück: »Wer sagt das?«
»Alle, Vater, alle meine Freunde«, antwortete sein Sohn.
»Wisst ihr nicht«, sagte Jochanan im strengen Ton, »wisst ihr nicht, dass Sprache Wirklichkeit schafft?« Unwillkürlich fasste sich Jochanan an den Kopf. Er erinnerte sich: Immer, wenn ich über andere Schlechtes berichtete, sagte mein Vater: »Weißt du nicht, dass Sprache Wirklichkeit schafft?« Und ohne die Antwort seines Sohnes abzuwarten, rannte Jochanan in sein Schreibzimmer und schrieb: *Und Gott sprach: Es werde Licht. Und es ward Licht.*
Als er am Abend seiner Frau den Text vorlas, unterbrach sie ihn. »Hier«, sagte sie und zeigte auf die Stelle, »hier fehlt der Satz: *Gott sah, dass das Licht gut war.*« Sie lachte Jochanan an. »Gut und schön für die Menschen, findest du nicht? Und hier am Schluss muss es da nicht heißen: *Da ward aus Abend und Morgen der erste Tag!?* Du willst doch«, sagte Miriam, seine Frau, »die Geschichte schreiben, wie Gott die Erde geschaffen hat. Aber doch nicht alles am ersten Tag! Gott hat einen langen Atem!« Jochanan staunte über seine Frau. Sie

hatte oft sehr tiefe Gedanken, die sie ganz selbstverständlich mitteilte.
»Stimmt«, sagte Jochanan, »das Werk des ersten Schöpfungstages ist die Zeit, die Zeit zum Sein, zum Leben.« »Auch unsere Zeit«, fügte Miriam leise hinzu und gab Jochanan einen Kuss. »Weißt du, welcher Satz für mich der wichtigste ist?« Miriam wartete nicht auf die Antwort, sie las vor:
»Die Erde war wüst und leer und es war finster auf der Tiefe, und der Geist Gottes schwebte auf dem Wasser. Das ist eine Verheißung, versteht Du? Nichts wird chaotisch bleiben. Gottes Geist, seine schöpferische Macht, schwebt über dem großen Durcheinander.«
»Du«, sagte Miriam, »wer diesen Satz versteht, ist getröstet.«
»Mir«, antwortete Jochanan leise, »mir ist klar geworden, im Anfang steckt der Keim. Alles Sein ist im Werden. Und die Finsternis, die dunkle Seite des Lebens, sie wird uns immer begleiten. Sie war von Anfang an da, vom ersten Tag an.« »Ja, sie gehört zu jedem Tag. Aber das Licht hat den Vorrang. Danke, guter Gott, danke für das Licht des neuen Tages.«

2. Gott gibt Raum
(1. Mose 1, 6–13)

Seit dem schrecklichen Erlebnis im Fluss, als er von der Strömung des Euphrat weit abgetrieben worden war, hatte sich Jochanan einen Badeplatz stromabwärts gesucht. Ein Platz mit einer kleinen Bucht, die durch eine Sandbank vom Fluss getrennt war.
Als Jochanan in der Morgendämmerung zu seinem neuen Badeplatz kam, traf er dort einen alten Mann, den er nur flüchtig von wenigen Begegnungen in der Stadt her kannte. Der Mann saß da mit weit geöffneten Augen und blickte in die Ferne.
Jochanan setzte sich still neben ihn und versuchte das zu sehen, was der alte Mann sah.
»Du musst dir einen Punkt heraussuchen, der dich vom Sehen zum Wahrnehmen führt«, sagte der Alte.
»Was ist der Unterschied zwischen Sehen und Wahrnehmen?«, fragte Jochanan.
»Sehen zerstreut, Wahrnehmen konzentriert. Nicht du nimmst die Wirklichkeit wahr, sie nimmt dich wahr, wenn du wahr werden willst. Sie zeigt dir deinen Platz im großen Gefüge. So findest du Frieden.«
Der alte Mann schloss jetzt die Augen und beugte dabei seinen Oberkörper leicht nach vorne. Jochanan hatte plötzlich das Gefühl zu stören und beschloss zu gehen.
»Bleib!«, sagte der alte Mann. »Ich werde gehen.« Als er das sagte, öffnete er die Augen und blickte auf das jenseitige Ufer. Die Sonne war bereits aufgegangen und leichter Nebel stieg vom Fluss auf. Gleich wird sich die Sonne hinter der großen Pappel verstecken, dachte Jochanan und beobachtete, wie der Schatten des Baumes wuchs. Genau in dem Augenblick, als der Schatten der Pappel auf den alten Mann fiel, stand er auf und verneigte sich zur Sonne. Nachdem er dann

seine Schilfmatte zusammengerollt hatte, ging er auf Jochanan zu und sagte:
»Setz dich morgen früh auf meinen Platz, von hier aus kannst du wahrnehmen, wie alles zusammengehört, und bald wirst du spüren, dass die Trennungen nötig sind – um der Einheit, um des Lebens, ja um des Friedens willen.«
Ohne sich zu verabschieden ging der alte Mann weg. Jochanan blickte ihm lange nach und war gespannt darauf, ihn am nächsten Morgen wieder zu sehen. Er wollte ihn fragen, was er damit meine: Trennungen seien nötig um der Einheit, um des Friedens willen.
Am nächsten Morgen jedoch wartete Jochanan vergeblich auf den Alten. Auch am übernächsten Tag kam er nicht. Jochanan fiel es schwer, sich nach einigen Tagen einzugestehen, dass der alte Mann gestorben sein könnte.
»Setz dich morgen früh auf meinen Platz«, hatte er gesagt. Hatte er wohl geahnt, dass er sterben würde? Warum sind wir uns gerade noch begegnet? Jonachan verspürte eine merkwürdige Scheu in sich, den Platz des alten Mannes einzunehmen. Als er sich dann drei Wochen später zum ersten Mal dort hinsetzte, war er enttäuscht. Er sah nicht mehr als von seinem alten Platz aus.
Fast jeden Morgen saß Jochanan nun dort. Aber er blickte nicht in die weite Ferne wie der Alte, sondern auf die vor ihm liegende Sandbank. Irgendetwas zog seinen Blick immer wieder auf diese Sandbank. Ein grüner Pflanzenteppich hatte sich nach dem Spätregen auf dem gelben Sand gebildet. Ein kleines Stück Land zwischen den Wassern, dachte Jochanan und spürte sie gar nicht, die dicken Regentropfen. Erst als ihm der Regen in den Nacken lief, stand er auf, streckte sein Gesicht dem Regen entgegen und rief: »Ja, so muss es gewesen sein! Das zweite Schöpfungswerk Gottes ist der Raum, der Lebensraum. Zeit und Raum.« Dann ging er ganz gemütlich nach Hause. Er hatte keine Angst die Bilder zu vergessen.

Wie hatte doch der alte Mann gesagt: »Wahrnehmen konzentriert.« Zu Hause in seinem Schreibzimmer schrieb Jochanan den bereits begonnenen Schöpfungsbericht weiter: *»Und Gott sprach: Es werde eine Feste zwischen den Wassern, die da scheide zwischen den Wassern. Da machte Gott die Feste und schied das Wasser unter der Feste von dem Wasser über die Feste. Und es geschah so. Und Gott nannte die Feste Himmel. Da ward aus Abend und Morgen der zweite Tag. Und Gott sprach: Es sammele sich das Wasser unter dem Himmel an besondere Orte, dass man das Trockene sehe. Und es geschah so. Und Gott nannte das Trockene Erde, und die Sammlung der Wasser nannte er Meer. Und Gott sah, dass es gut war.«* Miriam, seine Frau, blickte ihm gespannt über die Schulter.

»Was du da eben geschrieben hast, klingt ähnlich und doch ganz anders als die Schöpfungsgeschichte von Marduk, die unsere Nachbarn einander erzählen«, sagte Miriam. »Ja«, antwortete Jochanan. »Marduk tötet die Tiamat, um aus ihrem geteilten Leib Himmel und Erde zu erschaffen. Unser Gott tötet nicht, um Raum zu schaffen. Er schafft Raum zum Leben, ohne Opfer. Er teilt die Zeit in Tag und Nacht. Zeit zur Arbeit und Zeit zum Schlafen. Dem Meer setzt er Grenzen, so entsteht Land. Geschützter Lebensraum. Wenn wir Menschen«, sagte Jochanan leise, »wenn wir Menschen unsere Grenzen und die Grenzen anderer anerkennen würden, könnte es keine Kriege geben. Kein Krieg gegen andere Menschen, kein Krieg gegen die Tiere.«

»Und warum schreibst du nicht weiter wie oben: Es war Abend und Morgen der dritte Tag?«, fragte Miriam.

»Nein«, sagte Jochanan. »Da fehlt doch etwas. Ich spüre es und weiß doch nicht was. So ist das oft, wenn ich schreibe. Plötzlich reißt der Faden ab.«

Als Jochanan sich umdrehte, war Miriam weggegangen. Kurz darauf kam sie zurück. Jochanan bemerkte sie zuerst nicht. Erst als sie ganz dicht hinter ihm stand, roch Jochanan den Mandelblütenduft. Miriam hatte ihr moosgrünes Kleid angezogen und sich drei Gänseblümchen ins Haar gesteckt. Verführerisch schön sieht sie aus in dem eng anliegenden Kleid, dachte Jochanan, stand auf und umarmte sie. »Das Kleid hast du zuletzt nach der Geburt von Tobias getragen«, flüsterte er. »Warum heute?«

Miriam löste sich langsam aus seinen Armen. »Gleich«, sagte sie lächelnd, »jetzt schreib zuerst deinen Text weiter.« Und ohne seine Reaktion abzuwarten begann sie zu diktieren:

»Und Gott sprach: Es grüne die Erde im Grünen!
Kraut, das Samen trägt nach seiner Art, und Fruchtbäume, die Früchte tragen, in denen Samen ist, je nach ihrer Art. Und Gott sah, dass es gut war. Und es ward Abend und ward Morgen: ein dritter Tag.«

»Es grüne die Erde im Grünen.« Jochanan war überwältigt. So hätte er das nie sagen können. Die Erde, die Mutter Erde, bringt aus sich heraus die Pflanzen, die Vielzahl der Arten hervor und doch tut sie das nicht von sich aus. Die Erde grünt durch das Wort Gottes!

Jochanan erinnerte sich: In fast allen Schöpfungsberichten, die er gelesen hatte, war die Rede von der Mutter Erde. Allerdings so, dass die Erde nur wenige Pflanzen, oft nur die Heilpflanzen hervorbringt.

Hatte Miriam die alten Schöpfungserzählungen der Nachbarvölker auch gelesen? Oder trug sie all das Wissen in sich? Spürte sie, dass die Pflanzen nicht nur für Menschen und Tiere geschaffen, sondern um ihrer selbst willen da sind, eine jegliche nach ihrer Art?

Jochanan dachte daran, wie Miriam sich freute, wenn sie draußen im Wald oder auf der Wiese eine neue Pflanze entdeckte. »Auch Pflanzen haben eine Familie«, sagte sie dann und versuchte Eltern und Geschwister der neu entdeckten Pflanze zu bestimmen.

»Alles ist miteinander verbunden und aufeinander bezogen.« Wie oft hatte Miriam das gesagt? Merkwürdig, dass er diesen Gedanken bisher immer überhört hatte. Jochanan staunte.

»Lass es so stehen«, sagte Miriam leise zu Jochanan, zog ihn an sich und küsste ihn.

Nachdem Jochanan am nächsten Morgen sehr früh zum Baden an den Euphrat gegangen war, betrat Miriam das Schreibzimmer. Sie las sich den Text, den Jochanan geschrieben hatte, mehrmals laut vor.

Dann lachte sie laut auf: »Ja *tow*, gut und schön für Menschen und Tiere.« Sie sah die drei Gänseblümchen an, die Jochanan in eine kleine Vase auf den Tisch gestellt hatte. »Einfach schön, wunderschön, jedes Blütenblatt hat eine rote Spitze.« Dann stutzte sie. »Warum die Wiederholungen in dem Text?«

»Sag mal«, fragte sie Jochanan, als er nach dem Frühstück in seinem Arbeitszimmer saß, »warum schreibst du: Gott sprach: Es werde eine Feste, und dann nochmal: Da machte Gott die Feste und schliesslich: Gott nannte die Feste Himmel. Oder hier: Er nannte das Trockene Erde und die Sammlung von Wasser nannte er Meer. Ist das nicht doppelt und dreifach ausgedrückt?«

Jochanan schüttelte den Kopf: »Ich möchte das Geheimnis stehen lassen: Das, was jedermann sieht, worin wir alle leben, das hat Gott am Anfang geschaffen. Er hat es so geschaffen, dass es auf Dauer angelegt ist. Allem Geschaffenen hat er seine Schöpfungskraft verliehen, die Schöpfung ist im Werden: Nach jeder dunklen Nacht folgt der Tag. Schau die blühenden Bäume an. Wer würde das vermuten, nach dem langen Winter? Alles ist in ein Grundgefüge eingepasst, dem Meer sind Grenzen gesetzt, die Erde ist von einer Schutzhülle umgeben, abgeschirmt, behütet. Diese Grundordnung kannst du nur andeuten, nicht erklären. Sie bleibt ein Geheimnis. Ich hoffe nur, die Menschen werden verstehen: Die Schöpfung und die Schöpfungswerke erzählen von Gottes Verlässlichkeit, von seiner Treue, von Ihm, dem sicheren Grund des Lebens.«

»Und«, fuhr Jochanan fort, »was die Namen betrifft, erinnerst du dich? Tobias war gerade zwei Jahre alt, als ihn ein Hund fürchterlich anbellte. Vor Schreck hatte das Kind die Sprache verloren. Erst als wir ihm sagten: Das ist ein Hund, fand er seine Stimme wieder. Hund, Hund, rief er den ganzen Tag lang. Wer die Dinge benennen kann, befreit sie von der Angst, macht sie sich vertraut. Was du nicht benennen kannst, wirkt bedrohlich.«

»Ich verstehe«, sagte Miriam, »ohne Namen kein Denken!«

»Stimmt«, antwortete Jochanan und wurde sehr nachdenklich. »Alle Wissenschaft ist, recht verstanden, Namensgebung. Namen beschreiben und erklären, was ist. Tag ist die helle, Nacht die dunkle Seite der Zeit.«

»Und«, fragte Miriam zurück, »wer bestimmt die Länge des Tages? Ich meine, im Winter sind die Tage doch kürzer als die Nächte. Wer hindert die Nacht daran, dass sie sich zu breit macht?«

Jochanan zuckte mit den Schultern. »Weiß ich nicht«, antwortete er. »Darüber muss ich noch nachdenken. Außerdem: überleg einmal, es ward Abend und Morgen, erst der dritte Tag.«

3. Der Mond bestimmt die Zeit

(1. Mose 1, 14–19)

Es war Vollmond.

Jochanan saß lange vor seinem Haus und schaute in den Mond. Seine Frau Miriam machte sich ernstlich Sorgen, er könne krank, ja schwermütig geworden sein. Als sie ihn darauf ansprach, sah er sie erstaunt an: »Ich muss das Geheimnis des Mondes herausfinden. Er kann doch nicht Gott sein, der Mond!«

»Warte«, sagte er, dann ging er in sein Schreibzimmer und kam mit einem kurzen Text zurück: »Dieses Gebet habe ich mir in der großen Tontafel-Bibliothek des Assurbanipal abgeschrieben.«

Jochanan las laut vor: *»Gott und Menschen, Toten und Lebendigen tat ich Gutes. Warum sind trotzdem Krankheit, Herzeleid, Auszehrung und Verderben an mich geheftet?*

Im Lande weicht Zwietracht, im Hause wilder Zank nicht von meiner Seite. Aufruhr und böse Rede werden ständig angezettelt gegen mich. Tiefe Bekümmernis und körperliches Leiden haben meine Gestalt niedergebeugt.

Unter Weh und Ach habe ich die Tage zugebracht. Am Tage des Stadtgottes, am Mondfest, bin ich verstört. Es hält mich der Tod, ich gerate in schwerste Not. In Herzbeklemmung und Jammer klage ich Tag und Nacht. Ich bin so müde geworden.

Oh Gott, den nicht Gottesfürchtigen gib ein solches Los.

Ich aber möchte dein Licht sehen.

Bis wann, o Gott, willst du mir das gewähren?

Wie einer, der Gott und Göttin nicht fürchtet, wurde ich behandelt.«

(Gebet des Königs Assurbanipal von Assyrien [669–626 v. Chr.]. Er errichtete in Ninive eine große Bibliothek, deren Tontafeln meist noch erhalten sind.)

Miriam war tief bewegt:
»Ich wusste gar nicht, dass der assyrische König ein so gottesfürchtiger Mann war.«
»Gottesfürchtig?«, fragte Jochanan zurück. »Mondfürchtig! Der Mond ist sein Gott!«
»Ist das so wichtig? Meinst du nicht, dass Gott sein Gebet erhört, auch wenn Assurbanipal es an den Mond richtet?«
»Nein«, antwortete Jochanan gereizt. »Gott ist Gott. Er ist der Schöpfer. Auch den Mond hat er geschaffen. Man kann doch nicht die Geschöpfe anbeten!«
»Wenn du unseren Nachbarn sagst, der Mond sei Gottes Geschöpf, tust du ihnen weh. Nach dem Glauben ihres Volkes ist der Mond ein Gott, neben Marduk einer der größten Götter«, antwortete Miriam.
Nein, das wollte Jochanan nicht. Er wollte mit seinem Glauben, dass der Gott der Väter, der sein Volk aus der Sklaverei befreit hatte, auch der Schöpfer des Mondes ist, niemanden verletzen. Tagelang fand Jochanan aus dieser inneren Zerrissenheit nicht heraus: Er wollte niemandem weh tun und konnte doch nicht glauben, dass der Mond ein Gott sei.
Jochanan dachte nach, schrieb Texte, strich sie wieder durch und entschloss sich dann, mit dem Schreiben erst einmal aufzuhören. Ich muss, sagte er sich, noch viel mehr erfahren, was die Menschen in Babylon glauben. Was sie an langen Winterabenden ihren Kindern erzählen. Ich werde meinen Freund Medach fragen. Er kennt sich am besten aus in den alten Erzählungen seines Volkes.
»Du möchtest die Geheimnisse der Gestirne ergründen?«, fragte Medach, nachdem Jochanan ihm seinen Wunsch vorgetragen hatte.
»Unser Volk beschäftigt sich seit Jahrhunderten mit Sonne, Mond und Sternen. Für alle großen Gestirne gibt es eine eigene lange Geschichte. Wo sollen wir da anfangen, wo aufhören?«

»Erzähl mir, wie der Mond, die Sonne, der große Abendstern erschaffen wurden«, antwortete Jochanan. »Erschaffen?«, fragte Medach zurück. »Sie alle sind göttliche Wesen, Götter! Marduk hat ihnen nur ihren Platz am Himmel zugewiesen.« Und dann erzählte Medach von Nannar, dem Mond, dem Gott der Stadt.
Jochanan saß da, hörte zu, staunte und war traurig, dass er die vielen Gedanken gar nicht so schnell aufnehmen und verarbeiten konnte. Tröstlich war, was Medach am Schluss seiner Erzählung über den Mond sagte: »Unser Volk hat all diese Geschichten zusammengeschmolzen in einen kurzen Text. Wenn du willst, zeige ich dir die Tontafel morgen in der Bibliothek des Assurbanipal. Es ist nicht ganz leicht, den Text in der Fülle der Tontafeln aufzufinden.«
Nein, Jochanan hätte sie unter den tausenden Tontafeln nie gefunden. Aber Medach steuerte zielsicher auf sie zu: »Hier«, sagte er, »hier steht die Geschichte des Mondes.«
Medach verneigte sich und las vor: *»Er, Marduk, ließ Nannar erglänzen und vertraute ihm die Nacht an, um die Zeit zu bestimmen.«* (nach C. Westermann, Genesis, 1. Teilband, S. 186). Wieder verneigte sich Medach. Als er die Tafel an ihren Platz zurückstellen wollte, flüsterte Jochanan:
»Warte, ich möchte mir den Text abschreiben.«
Wie einen wertvollen Schatz trug Jochanan den abgeschriebenen Text nach Hause.
Immer wieder las er ihn durch. Bald konnte er ihn auswendig. Da steht alles drin, dachte er. Warum sollte ich einen neuen, eigenen Text schreiben? Jochanan wusste nicht mehr weiter.
Am Abend dieses Tages lag Jochanan lange wach und beobachtete den Mond. Vorgestern, dachte er, war er nur eine winzige Sichel. Heute ist er bereits größer. Plötzlich kam ihm die Idee. Ja, es stimmt, was die assyrischen Denker aufgeschrieben hatten: Der Mond bestimmt die Zeit. Von einem Vollmond bis zum anderen ist es ein

Monat. Und nach zwölf Vollmonden ist ein Jahr vergangen.
Als Jochanan am nächsten Morgen seinem Freund Medach von den nächtlichen Beobachtungen und Gedanken erzählte, lachte dieser. »Nicht nur der Mond«, rief er, »auch die Sterne! Verstehst du, auch die Sternbilder verändern sich je nach Jahreszeit.
Manche Menschen gehen so weit und sagen: Das Sternbild am Tag meiner Geburt prägt mein Leben.« Medach schüttelte energisch den Kopf: »Damit schieben die Menschen die letzte Verantwortung für ihr Leben den Sternen zu. Das ist eine kindliche Entschuldigungstaktik! Nur der Mondgott hat Macht, Macht über die Zeit, über die Menschen.« Nein, dachte Jochanan, auch der Mond ist Gottes Schöpfungswerk. Wie aber sollte er das Medach gegenüber ausdrücken, ohne ihn zu verletzen? »Ich muss darüber nachdenken«, antwortete Jochanan und verabschiedete sich. Eigentlich hat Medach Recht. Der Mond hat Macht. Macht über die Zeit. Er teilt sie ein. Er regiert. Plötzlich kam ihm die Idee: Ja, der Mond hat von Gott die Macht bekommen über die Zeit zu herrschen. Er hat eine göttliche Aufgabe. Aber er ist nicht Gott.
Jochanan las sich noch einmal laut den Text vor, den er über den ersten Schöpfungstag geschrieben hatte: *»Und Gott sprach . . .«* Ja, sagte er sich, so war es auch am vierten Tag. Jochanan schrieb: *»Und Gott sprach: Es werden Lichter an der Feste des Himmels, die da scheiden Tag und Nacht . . . und seien Lichter an der Feste des Himmels, dass sie scheinen auf die Erde. Und es geschah so.«* (1. Mose 1, 14+15) So stimmt es, sagte sich Jochanan: Der Mond hat Macht über die Zeit, jedoch nicht über die Menschen. Aber wird sich Medach in seinem Glauben nicht tief verletzt fühlen, wenn ich schreibe: *Gott sprach: Es werden Lichter, Lampen, am Himmel?*

Irgendwie muss ich noch deutlicher ausdrücken, dass die Lichter göttliche Aufgaben haben, ohne selbst Götter zu sein. Eine Antwort auf dieses Problem fand Jochanan, als er seinen alten Landsmann Micha in dessen Töpferstube aufsuchte.
Micha war gerade damit beschäftigt, Bäume aus Ton zu formen. Bäume, die man sich wie Bilder an die Wand hängen konnte. Jochanan bewunderte die Kunstwerke. Jeder Baum war anders und einmalig schön. »Weißt du«, sagte Micha ohne aufzublicken, »du musst das Bild des Baumes lang genug in dir tragen. Erst dann kannst du einen Baum formen.« Das ist es, dachte Jochanan. »Danke«, rief er, »danke, du hast mir sehr geholfen.« Micha schüttelte nur den Kopf, als Jochanan davonrannte. Der ist in letzter Zeit so merkwürdig, dachte sich Micha.
Jochanan aber schrieb:
»Und Gott machte zwei große Lichter: ein großes Licht, das den Tag regiere und ein kleines Licht, das die Nacht regiere, dazu auch die Sterne. Und Gott setzte sie an die Feste des Himmels, dass sie schienen auf die Erde und den Tag und die Nacht regierten und schieden Licht und Finsternis. Und Gott sah, dass es gut war. Da ward aus Abend und Morgen der vierte Tag.« (1. Mose 1, 16–18)
Ja, Kunstwerke sind sie, die Gestirne, Gottes Meisterwerke, und sie regieren, wie Gott, über die Zeit. Jochanan freute sich wie ein Kind, das ein Geheimnis hat. Irgendwann werde ich Medach meinen Text vorlesen, dachte er.
In der folgenden Nacht, es war die Nacht des Passahfestes, wurde Jochanan krank. Er hatte starke Kopfschmerzen. Ist wohl nicht verwunderlich, dachte er sich, und weil er nicht schlafen konnte, beobachtete er den noch beinahe vollen Mond. Jetzt berührte der Mond die Krone der mächtigen Pappel vor seinem Zimmer. Jochanan schloss die Augen und wartete. Als er wieder aus dem Fenster sah, war der Mond bereits zur Hälfte hinter dem Baum verschwunden. Bald war er

ganz hinter der Pappel versteckt. Dann kam er langsam wieder hervor. Tröstlich, der Mond, dachte Jochanan. Er geht seine Bahn am Himmel und sagt dir: Die Nacht ist begrenzt. Keine Nacht ist endlos, auch nicht die Nacht der Schmerzen, die Nacht der Angst.
Jetzt hörte Jochanan wie von weit her Gesänge. Ach ja, Passahfest: Nach dem ersten Frühlingsvollmond das Fest der Befreiung aus Sklaverei und Not. Das hab ich vergessen, sagte sich Jochanan und sprang aus dem Bett. Der Mond bestimmt die Tage, Monate und Jahre, aber er gibt auch Zeichen für die Festtage. Was wäre unser Leben ohne die Feste, Festtage? Ist die Zeit des Krankseins, in der du festliegst, ist sie auch Festzeit?
Jochanan schüttelte den Kopf. »Weiß ich nicht, aber hier muss ich das Wort *Zeichen* einfügen. Das Wort Zeichen gilt für die Festtage: Jochanan las sich den veränderten Satz nochmals vor: »Es werden Lichter an der Feste des Himmels, die da scheiden Tag und Nacht und geben Zeichen, Zeiten, Tage und Jahre.«
»Danke«, sagte er dann, »danke, guter Gott, Schöpfer des Himmels und der Erde, danke für den Mond und seine Kraft Zeiten zu bestimmen, der Nacht Grenzen zu setzen. Danke für die Zeit, die Lebenszeit. Danke für die Zeit der Feste. Danke für den neuen Tag.«

4. Es wimmle das Wasser von lebenden Wesen
(1. Mose 1, 20–23)

Hatte sich Jochanan bisher vor allem von spontanen Einfällen leiten lassen, so ging er in letzter Zeit immer mehr dazu über, Texte aufzuschreiben, zu sammeln und zu ordnen. Er sammelte alles, was er über die Entstehung der Welt, der Gestirne, der Pflanzen, der Tiere und der Menschen finden konnte. Dabei hatte er sich ein doppeltes Ordnungssystem ausgedacht: nach Ländern wie Ägypten, Babylonien, Phönizien und nach Lebensräumen wie Wasser, Erde, Luft. Immer öfter besuchte Jochanan abends, nachdem die Arbeit auf den Feldern getan war, die Karavanserei, in der ägyptische Kaufleute abstiegen. Jochanan saß in der Runde der Händler und Kaufleute und hörte zu. Sie erzählten von den Gefahren der langen Reise von Ägypten bis nach Babylonien und sie prahlten mit ihren Gaunereien. Und wenn der gute Wein von den Hängen des Euphrat ihre Zungen gelöst hatte, erzählten sie von ihren Hoffnungen und Träumen.
Hochinteressant wurde es für Jochanan, wenn die Gold- und Diamantenhändler aus Memphis zu Gast waren. Sie erzählten von den riesigen Nilpferden und den gefährlichen Krokodilen des Nils und davon, dass der Nil der Spender der Fruchtbarkeit sei: Ohne Wasser kein Leben!
Zu vorgerückter Stunde gelang es Jochanan, sie nach ihrem Glauben, dem Glauben ihrer Väter und Mütter zu fragen. »Und was antworteten eure Väter und Mütter auf die Frage, wie die Welt entstanden ist?« So direkt konnte Jochanan nur selten fragen. Die Männer, die viele Gefahren durchstanden hatten, zeigten eine merkwürdige Scheu, von den Geheimnissen ihres Glaubens zu erzählen. Aus den spärlichen Andeu-

tungen hörte Jochanan heraus: Alles Leben entstand im Wasser. Das Wasser ist der Urgrund des Lebens.
Wenn Jochanan dann abends über seiner Textsammlung saß, staunte er. Er staunte über die Weite und Tiefe der Erkenntnis in den sumerischen, babylonischen, phönizischen und ägyptischen Texten. Und Jochanan fühlte sich reich und beschenkt. In fast allen Ländern, aus denen er Weltentstehungstexte gesammelt hatte, erzählten die Menschen: Das Wasser (einige sagten der Urozean) ist die Mutter des Lebens. Die Sumerer sprachen sogar davon, dass Himmel und Erde aus dem Urmeer hervorgegangen seien.
In überraschender Weise wurde in einigen alten Texten von Wasser und Luft in einem Atemzug gesprochen. Je öfter Jochanan seine Textsammlung studierte, umso klarer wurde ihm: In all diesen Erzählungen klingt Gottes Stimme durch. Sie dürfen nicht in Vergessenheit geraten, diese Texte. Und – das war sozusagen Jochanans Selbstverpflichtung – wenn ich aus dem Glauben meines Volkes Israel eine eigene Schöpfungsgeschichte schreibe, so müssen die Stimmen der anderen Völker in meinem Text mitklingen.
Als Jochanans Tochter Ruth dann am dritten Tag des lang erwarteten Frühjahrsregens aufgeregt ins Haus kam und rief: »Papa, du musst unbedingt mitkommen! In dem kleinen Tümpel, den ich vorgestern gebaut habe, wimmelt es von Lebewesen«, da war für Jochanan klar, der fünfte Schöpfungstag könne nur mit dem Satz beginnen: *»Und Gott sprach: Es wimmle das Wasser von lebenden Wesen.«* Und in Erinnerung an seine Textsammlung und die Erzählung der ägyptischen Kaufleute schrieb Jochanan weiter: *»Und Gott schuf die großen Seetiere und alles was da lebt und webt, wovon das Wasser wimmelt, ein jegliches nach seiner Art, und alle gefiederten Vögel, einen jeden nach seiner Art. Und Gott sah, dass es gut war.«* (1. Mose 1, 20+21)
Lebende Wesen. Werden die Leserinnen und Leser in späte-

rer Zeit verstehen, was damit gemeint ist? Irgendwie war Jochanan unzufrieden. Da fehlt noch etwas, sagte er sich. Wochenlang beschäftigte ihn die Frage: Was ist das Leben, das Lebendigsein, und wie lässt es sich beschreiben?
Eines Tages kam Jochanan von einem längeren Rückzug in die große Wüste am Rande des Zweistromlandes zurück. Da beobachtete er, wie zwei große Straußenvögel sich paarten. Jochanan war fasziniert. Unglaublich, diese Lebendigkeit, dachte er und plötzlich war ihm klar: Lebendig sein ist die Kraft, Leben weiter zu geben, sich fortpflanzen zu können und dabei Lebenslust zu empfinden. Aber ist das nicht eine Binsenweisheit?, fragte er sich plötzlich und wunderte sich, dass er nicht früher darauf gekommen war. Diese Lebenslust ist eine Schöpfungsgabe Gottes. Wie kann ich das unmissverständlich in Worte faßen?
Die Antwort fand Jochanan im Gottesdienst, zur Eröffnung des Sabbats. Sie saßen alle am Ufer des Euphrat, denn eine eigene Synagoge gab es nicht. Jochanan aber war in Gedanken versunken mit den Wolken Richtung Heimat, ins Land Israel, dem Land der Väter gezogen. Er erinnerte sich an seinen ersten Gottesdienst im Tempel zu Jerusalem, wie der Priester ihm, dem 12-Jährigen die Hände aufgelegt und ihn gesegnet hatte. Ja, sagte sich Jochanan, das heißt Lebendigsein, von Gott mit Lebenskraft beschenkt, gesegnet sein. Die Lebenskraft, der Segen Gottes, erreicht seine größte Vollendung in der Fähigkeit Leben weiter zu geben. So hat Gott die Lebewesen mit seiner Schöpfungskraft beschenkt.
Nach dem Gottesdienst schrieb Jochanan seinen Text weiter: *»Und Gott segnete sie und sprach: Seid fruchtbar und mehret euch und erfüllet das Wasser im Meer, und die Vögel sollen sich mehren auf Erden. Da ward aus Abend und Morgen der fünfte Tag.«* (1. Mose 1, 22+23)
Als Jochanan dann beim Festessen am Sabbat von seiner Arbeit an der Schöpfungsgeschichte, von seinem Text über die

Erschaffung der Fische und Vögel erzählte, fragte sein Sohn Manuel spontan: »Und die großen Kraken, die Tintenfische, von denen uns unser Lehrer erzählt hat, wie hat Gott die erschaffen?«

Und Ruth, die 7-Jährige, die darunter litt, dass sie noch so klein war, schob die Frage nach: »Ich möchte wissen, wie Gott den Zaunkönig geschaffen hat!«

Jochanan schmunzelte: »Heute Abend, als Gutenachtgeschichte, erzähle ich es euch! Einverstanden?«

Ja, und am Abend setzte sich Jochanan an das Bett von Manuel und begann zu erzählen:

»Als Gott die vielen Fische mit Flossen geschaffen hatte, dachte er sich, wenn ein Tier viele Arme und Beine hat, müsste es doch auch gut schwimmen können. Und er formte mit viel Fingerspitzengefühl die große Krake. Er hauchte ihr den Lebensodem ein und setzte sie ins Wasser. Toll konnte sie schwimmen. Aber eines Tages, als Gott die Meerestiere besuchte, um mit den Walfischen zu spielen, sah er, wie die große Krake müde und teilnahmslos am Felsen hing. Auf die Gottesfrage: »Was fehlt dir?«, antwortete die Krake mit trauriger Stimme: »Ich bin das Leben leid!« »Und warum, wenn ich fragen darf?«, rief Gott erstaunt. »Weißt du«, flüsterte die Krake, »ich habe zwar viele Arme und Beine, die sind gut zum Schwimmen. Aber sie sind auch mein Problem: Die kleinen Fische kommen immer her und kitzeln mich an den kleinen Saugnäpfen. Ich kann meine Beine und Arme gar nicht schnell genug einziehen. Am Anfang fand ich das ganz lustig. Aber die hören nicht mehr auf! Auch nachts, beim Mondschein, kitzeln sie mich. Ich habe schon 28 Nächte nicht mehr geschlafen!«

»Der Schlaf ist eines meiner größten Geschenke«, sagte Gott. »Wenn der fehlt . . .«, er machte ein sorgenvolles Gesicht und überlegte. »Warte«, sagte er dann, »ich hab's. Dann ließ er die große Krake für einige Stunden in einen Tiefschlaf fallen, hob sie aus dem Wasser und pflanzte ihr ein Organ ein, mit dem sie schwarze Tinte herstellen und verspritzen konnte. Als die Krake wie aus einem langen Traum erwachte, spürte sie sofort, dass ihr Leib runder war. »Ja«, erklärte ihr Gott, »das ist deine Kraft. Wenn sie dich verfolgen und kitzeln wollen, verströmst du die schwarze Tinte um dich herum, und niemand kann dich finden und dich verfolgen.« Voller Eifer drückte die Krake mit einem ihrer Arme auf ihren Bauch. »Halt, halt, nicht so schnell, ich kann dich ja gar nicht mehr sehen!«, rief Gott. »Ich dich auch nicht. Danke!«, rief die Krake und schwamm davon.

Leise setzte sich Jochanan ans Bett von Ruth. Sie ist sicher schon eingeschlafen, dachte er, da hörte er sie im Halbschlaf flüstern: »Und jetzt noch vom Zaunkönig!« Als Jochanan sie dann am nächsten Morgen fragte, was sie von der Erschaffung des Zaunkönigs behalten habe, erzählte Ruth: »Nachdem Gott die großen Vögel geschaffen hatte, blieb ihm nur noch ein winziger Lehmklumpen übrig. Da er nicht recht wusste, was er aus dem noch machen sollte, steckte er ihn auf die Spitze einer Zaunlatte und hauchte ihm seinen Odem ein. Der kleine Lehmklumpen aber plusterte sich auf, flog von Zaunpfahl zu Zaunpfahl und rief: ›Das ist mein Zaun, ich bin hier König!‹ Und obwohl der Vogel so klein war, wagte es kein anderer Vogel sich auf den Zaun zu setzen.«

Jochanan staunte: »Ich dachte, du hättest geschlafen«, rief er lachend.

Es dauerte dieses Mal lange, bis Jochanan sich von dem Text des fünften Schöpfungstages trennen und weiterschreiben konnte. Gesegnet sein, dieser Gedanke beschäftigte ihn. Ihm wurde bald klar, wenn die Fische und Vögel Gesegnete Gottes sind, dann gehören sie wie wir Menschen zur großen Familie der Lebewesen Gottes. Mit Schaudern erinnerte sich Jochanan an die Art, wie die Geflügelhändler auf dem Markt

den großen Hühnern, die sie zum Schlachten verkauften, einfach den Kopf abdrehten.
Ganz los von seinen Gedanken kam Jochanan erst durch die Begegnung mit dem jungen Propheten. Er traf ihn in der Töpferwerkstatt seines Freundes Micha. Die Werkstatt Michas war seit etwa einem Jahr Treffpunkt für Dichter, Propheten und Maler. Etwas verschämt bat der Prophet sie darum, doch seinen eben geschriebenen Text anzuhören. Er wolle den Menschen damit Mut machen: *»Die auf Gott, den Herrn, warten, bekommen neue Kraft, dass sie auffahren mit Flügeln wie Adler, dass sie laufen und nicht matt werden, dass sie wandeln und nicht müde werden.«* (Jes. 40, 31)
Jochanan war tief bewegt. Das, sagte er sich, heißt gesegnet sein.
Er stand auf, umarmte den jungen Propheten und ging befreit nach Hause.

5. Ohne die Tiere wäre das Leben langweilig
(1. Mose 1, 24+25)

Merkwürdig, dachte sich Jochanan. Du denkst über etwas nach und mit dem Nachdenken verändert sich das Sehen. Dein Blick richtet sich auf das, woran du denkst. Wie hat Gott die Vielzahl der Tiere geschaffen? Jochanan staunte über sich selbst, wie viele Tiere er in letzter Zeit entdeckte. Tiere, die er vorher nie bewusst wahrgenommen hatte. Wenn er ein Stück Gartenland umgrub, nahm er den Goldkäfer, die Kellerassel, den Regenwurm behutsam in die Hand und freute sich wie ein Kind, wenn sie sich schnell wieder in die Erde vergruben. Ja, er erinnerte sich noch genau. Als er die Vielzahl der Pflanzen beschreiben wollte, wäre er beinahe verzweifelt. Wenn er glaubte alle benannt zu haben, brachte ihm seine Frau von ihren Spaziergängen wieder eine ihm bisher unbekannte Blume mit.
»Schreib doch einfach: Gott schuf jede Pflanze nach ihrer Art«, hatte sie damals gesagt und damit den Druck von ihm genommen, alle Pflanzenarten einzeln auflisten zu müssen. Aber, fragte sich Jochanan, kann ich das ebenso von den Landtieren schreiben oder gar von den Menschen?
Das laute Geschrei eines Esels riss Jochanan aus seinen Gedanken. Er lief auf die Straße und sah, wie ein Mann auf seinen Esel einschlug. Die Straße stieg ein wenig an. Der Esel hatte Mühe, den schweren Mistkarren hochzuziehen. Bei jedem Schlag schrie das Tier laut auf, rührte sich aber keinen Schritt von der Stelle. Vielleicht bockte er nur? Aber ist das ein Grund so auf ihn einzuprügeln?
Plötzlich gab sich das Tier einen Ruck und zog den schweren Karren weiter. Ganz nahe trabte der Esel jetzt an Jochanan vorbei und einen Augenblick lang trafen sich ihre Blicke. Jochanan sah die tiefe Traurigkeit in den Augen des Esels und er spürte, dass ihm selbst die Tränen in die Augen stiegen. Kön-

nen Tiere auch weinen? Der traurige Blick des Esels begleitete Jochanan lange Zeit. Warum quälen Menschen Tiere? Beide sind doch aufeinander angewiesen. Ohne die Tiere wäre das Leben furchtbar eintönig, ja langweilig. Und: Menschen und Tiere teilen sich ihren gemeinsamen Lebensraum. Wir müssen lernen in Frieden miteinander zu leben, dachte Jochanan.

In den alten Erzählungen, die Jochanan gesammelt hatte, war die Erschaffung des Menschen immer eine eigene, von den anderen Lebewesen getrennte Geschichte. Nein, sagte sich Jochanan, sie gehören zusammen: die Erschaffung der Tiere und die Schöpfungsgeschichte des Menschen. Wir Menschen müssen erkennen, dass die Tiere ebenso wie wir Lebewesen Gottes, seine Geschöpfe sind. Menschen und Tiere sind in gleicher Weise auf die Erde wie auf ihre Mutter angewiesen, sie gibt ihnen Nahrung, Schutz und Lebensraum. Darum schrieb Jochanan: *»Und Gott sprach: Die Erde bringe hervor lebendiges Getier, ein jedes nach seiner Art.«*

Als Jochanan diesen Satz seinem Freund Micha, dem Töpfer, vorlas, machte der ein nachdenkliches Gesicht: »Vielleicht solltest du wenigstens andeuten, dass es ein Menge Tierarten gibt. Denk an das Vieh, die Würmer, die wilden Tiere . . . Weißt du, wir Menschen vergessen so leicht, wie vielfältig das Leben in all seinen Erscheinungsformen ist. Ich habe große Sorgen, die Menschen könnten das Staunen verlernen.«

»Stimmt«, sagte Jochanan, »da fehlt noch etwas.«

Und zu Hause setzte er sich hin und ergänzte seinen Text: *»Vieh, Gewürm und die Tiere des Feldes, ein jedes nach seiner Art. Und es geschah so. Und Gott machte die Tiere des Feldes, ein jedes nach seiner Art, und das Vieh nach seiner Art und alles Gewürm des Erdbodens nach seiner Art. Und Gott sah, dass es gut war.«* (1. Mose 1, 24b+25)

Fehlte da nicht der Segen? Jochanan überlegte. Nein, sagte

er zu sich, der Segen gilt Tieren und Menschen. Aber die Schöpfungsgeschichte des Menschen ist ja noch nicht geschrieben. Jochanan spürte: Die Erschaffung des Menschen, das zweite Schöpfungswerk Gottes am sechsten Tag zu beschreiben, das war eine große Aufgabe. Ich brauche dazu viel Zeit, Zeit zum Gebet und Zeit für das Gespräch mit anderen Menschen, sagte sich Jochanan.
Er stand deshalb morgens eine Stunde früher auf und ging, noch bevor er sein Bad im Euphrat nahm, im Schutz der Dunkelheit auf jenen kleinen, ihm wohl vertrauten Hügel am Ufer und betete:

Du, Schöpfer der Welt,
Grund und Quelle des Lebens,
heiliger Gott,
Du hast mir mein Leben geschenkt,
aber ich bin mir immer noch Rätsel.
Zeig mir meine Bestimmung!

Jochanan betete jeden Tag die Worte und wartete dann lange in der Stille auf Gottes Antwort. Vergeblich!
Nur ein Wort kam ihm in den Sinn: entsprechend. Er ahnte, dass dieses Wort in der Zukunft eine große Bedeutung erhalten würde.

6. Der Mensch ist ein Geheimnis, wie Gott
(1. Mose 1, 26+27)

Je länger Jochanan über die Frage: Wer ist der Mensch? nachdachte, umso schmerzlicher wurde ihm bewusst, dass er als Angehöriger des Volkes Israel Gefangener und Deportierter der Weltmacht Babylon war. Einige seiner Landsleute hatten sich damit abgefunden. Sie waren müde und stumpf geworden. Andere trösteten sich mit Erinnerungen an Jerusalem und sangen Klagepsalmen. Wer ist der Mensch, der sich so über andere Menschen erhebt, sie erniedrigt, beleidigt, demütigt, ausnützt, quält . . .? Jochanan spürte die Last, als Gefangener von der Freiheit und Würde des Menschen zu schreiben, denn anders konnte er sich die Schöpfung des Menschen nicht vorstellen.
Aus diesem Stimmungstief fand Jochanan durch eine Begebenheit heraus, die ihn sehr bewegte und auch inspirierte: Jochanan kam, wie so oft, in das Gasthaus, in dem die ägyptischen Kaufleute übernachteten.
Er kam an diesem Abend sehr spät. Alle saßen bereits schweigend im Kreis. In ihrer Mitte stand eine kleine goldene Statue des Pharao. Einer der Männer sprach wie ein Gebet folgende Worte:
Pharao, großer König, »heiliges Abbild des Re, lebendes Abbild auf Erden, Ebenbild des Re, glänzendes Abbild des Herrn des Alls und ein Geschöpf der Götter von Heliopolis . . . Re hat ihn sich erzeugt: als ein lebendes Abbild.« (zitiert nach C. Westermann, Genesis, S. 211)
Jochanan war tief bewegt: Der König von Ägypten, Ebenbild Gottes, sein Stellvertreter auf Erden! Nein, sagte sich Jochanan, vor Gott gibt es keine Stufen! Jeder Mensch trägt Gesichtszüge Gottes, ist Gottes Ebenbild.
Völlig überrascht war Jochanan, als auch Medach, sein babylonischer Freund, ihm einen Text vorlas, in dem der babylo-

nische König als Ebenbild der Götter gepriesen wurde. Mit einem Schmunzeln hatte Medach noch hinzugefügt: »Die Götter haben Menschen geschaffen, damit die Menschen für sie die schweren Arbeiten verrichten. Ebenbilder Gottes, entsprechend . . .«
Zur großen Verwunderung seiner Frau begann Jochanan Bilder, genauer gesagt Gesichter zu malen. Zuerst sein eigenes, dann die seiner Familie. Am Anfang erschrak er über seine Selbstbildnisse. Dann fand er sie lustig, ja geradezu komisch. Einmal hatte er sich viel zu große Augen, dann wieder zu kleine Ohren gemalt. Es dauerte lange, bis die Proportionen seines Gesichtes einigermaßen stimmten. Als er sich dann sein zuletzt gemaltes Selbstbildnis anschaute, schüttelte er lachend den Kopf: Das könnte jedermann sein. Nichts ist daran typisch für mich, abgesehen von den wenigen Haaren auf meinem Kopf. Aber wie viele haben eine Glatze!
Im Gesicht spiegelt sich das Wesen eines Menschen – seine Gefühle, seine Freude, seine Angst, seine Hoffnung . . . Aber wie kann ich das Wesen eines Menschen in einer Zeichnung festhalten?
Jochanan ging immer mehr dazu über, nur noch Skizzen zu malen, Gesichter aus ganz wenigen Federstrichen. So gelang es ihm, das Feuer in den Augen der Händler auf dem Kamelmarkt festzuhalten oder die Leere in den Augen der Männer, die selbst in der Erntezeit vergeblich auf Arbeit warteten. Am liebsten malte Jochanan Gesichter von Kindern, mit ihrer überschäumenden Lebensfreude. Und immer wieder zeichnete Jochanan das Gesicht seiner Großmutter, ein Gesicht voller Falten und doch mit einem Ausdruck von Lebenserfahrung, Weisheit und Güte.
Überhaupt nicht zurecht kam Jochanan mit den Gesichtern der 20- bis 30-Jährigen. »Ich weiß nicht«, sagte er eines Abends zu seiner Frau, »die Gesichter unserer Generation lassen sich am schwersten in einem Bild festhalten. Dabei

reichte er ihr eine Skizze, die er soeben von ihr gemalt hatte. Miriam war überrascht, als sie in ihr eigenes Gesicht sah und kam nicht davon los. »Du hast es sehr gut getroffen«, sagte sie leise. »Der Schmerz über Enttäuschungen und die Sehnsucht in meinen Augen. Vielleicht ist es diese Spannung in uns, die so schwer bildhaft darzustellen ist.« Jochanan war tief bewegt. Beides kannte er zu gut. Den Schmerz über zerronnene Lebenswünsche und die Sehnsucht nach noch ausstehendem Leben. »Der Mensch ist ein Geheimnis«, sagte er nachdenklich, »und wenn ich die Schöpfungsgeschichte des Menschen schreibe, so darf ich das Geheimnis des Menschseins nicht zerstören. Der Mensch ist ein Geheimnis, wie Gott.« Wie Gott. Jochanan erinnerte sich an den Spruch des ägyptischen Händlers und an das Gespräch mit seinem Freund Medach. »Danke«, sagte Jochanan dann zu seiner Frau. »Danke, so werde ich es schreiben: *Gott schuf den Menschen zu seinem Bilde, zum Bilde Gottes schuf er ihn.* Der Mensch ist Geheimnisträger Gottes, jeder Mensch!« Jochanan lachte laut auf: »Das ist wohl das allergrößte Geheimnis: Jede Frau, jeder Mann ist in Gottes Augen eine Königin, ein König, einmalig und unverwechselbar in Gestalt und Wesen Ebenbild Gottes. Diese Würde kann uns niemand nehmen. Wer das versteht, ist gegen Verzweiflung geschützt.« »Und«, fragte Miriam, »was ist mit dem ewigen Kampf der Geschlechter, dem Glück, dem Leid zwischen Männern und Frauen?« Jochanan wusste keine Antwort. So war das oft: Miriam konnte seine Gedanken beflügeln und ihn ebenso schnell durch eine Frage mit seiner Ratlosigkeit konfrontieren.
Glück und Leid zwischen den Geschlechtern, unter diesem Gesichtspunkt begann Jochanan in den folgenden Wochen Gesichter zu skizzieren. So setzte er sich im Frühjahr unter die große Eiche und skizzierte Gesichter von Paaren, die ins Tal der Liebenden gingen, jenem Wiesengrund zwischen den Hügeln am Hang des Euphrat. Dabei machte er eine Entde-

ckung, die ihm wohl vertraut und doch irgendwie neu und rätselhaft erschien: Wenn die Liebespaare aus dem Tal zurückkehrten, waren sie irgendwie verändert – ihr Gang, ihre Stimme, ihre Gesichter . . . Traurig? Nein, das wäre zu viel gesagt, aber irgendwie anders, ja verändert. Wie sollte er das ausdrücken oder wenigstens andeuten, wenn er beschrieb, wie Gott den Menschen geschaffen hat? Alles muss doch irgendwie in diesem Schöpfungsgeschehen angelegt sein?

Jochanan sah noch einmal seine Skizze an, die er von einem Liebespaar gezeichnet hatte. Und plötzlich durchfuhr ihn der Gedanke: Ich werde es ganz einfach so ausdrücken: *»Gott schuf den Menschen als Mann und Frau.«* Jochanan lachte erleichtert auf: »Ja, das war jetzt auch eine Skizze mit wenigen Federstrichen.«

Überhaupt, das spürte Jochanan immer deutlicher, war ihm durch das Skizzieren von Gesichtern eine Erfahrung zugewachsen, die ihm beim Formulieren seiner Texte zugute kam: je skizzenhafter umso besser, umso klarer und offener. Jeder Mann, jede Frau kann sich darin widerspiegeln. Als Mann und Frau, damit ist alles Glück und alle Spannung beschrieben.

Und, das wurde ihm erst jetzt, als er den Satz nochmals las, deutlich: Mann und Frau sind beide Gottes Ebenbild, ebenbürtige, gleichwertige Partner vor Gott.

Oh ja, sagte sich Jochanan, das wird Ärger geben. Ärger bei denen, die nicht müde werden, ihre männliche Überlegenheit den Frauen gegenüber zu betonen und als von Gott gegeben darzustellen! Nein, sagte sich Jochanan, genau so bleibt der Satz: *»Und Gott schuf den Menschen zu seinem Bilde, zum Bilde Gottes schuf er ihn: Und Gott schuf sie als Mann und Frau.«*

Jetzt spricht Gott seinen Segen. Er spricht ihn der Gemeinschaft der Lebenden zu: den Menschen und den Tieren. Jo-

chanan erinnerte sich an den Text von der Entstehung der Wassertiere und den Vögeln und schrieb: *»Und Gott segnete sie und sprach: Seid fruchtbar und mehret euch . . .«*
Ja, sagte er sich, die Kraft Leben weiterzugeben, ist Segenskraft Gottes. Die Fähigkeit einander zu begehren und liebend zu beglücken ist nichts Dämonisches, nichts Abgründiges, wie einige Gelehrte glaubten. Es ist die Segenskraft des Schöpfers, sein heilvolles Geschenk an uns Menschen.

7. Menschsein heißt fürsorglich leben
(1. Mose 1, 28)

Wer ist der Mensch? Diese Frage bewegte Jochanan seit der Zerstörung Jerusalems und der Verschleppung seiner Familie nach Babylon. Diese Frage wurde immer brennender, als er versuchte, in der Gefangenschaft eine Antwort zu formulieren. Seit Jahren sammelte er Texte, die große Denker vor ihm zu dieser Frage geschrieben hatten. Aber er spürte, die Antworten ersetzten nicht die lebendige Begegnung mit den Menschen. Deshalb ging Jochanan öfter auf den Markt und beobachtete die Menschen. Er ging auch auf die Spielplätze der Kinder, setzte sich zu den Alten auf die Bank vor ihrem Haus. Jedes Mal wartete er so lange, bis sich sein Blick und der Blick einer Frau, eines Mannes oder eines Kindes begegneten. »Die Augen sind der Spiegel der Seele«, sagte Jochanan oft. »Du wirst die Tiefe im Blick eines Menschen nie ergründen.« Aber, das stellte Jochanan freudig bei sich fest, die Augen eines Menschen sind auch Tor zu seiner Seele. Und er wunderte sich über sich selbst, wie schnell er sich in eine Frau verlieben konnte, wenn er sie anschaute und sie seinen Blick genoss. Verlieben allein durch den Augenblick.
Und Jochanan versuchte in der Begegnung mit Menschen wenigstens einen Satz von der Person zu hören, die in seiner Nähe war.
Ja, am interessantesten fand Jochanan die Stimme eines Menschen. Eines Tages, als er müde nach Hause kam, sagte er zu seiner Frau: »Jeder Mensch klingt. Ich weiß nur nicht ob jede, jeder seinen Grundton kennt, den Ton, auf den sie oder er gestimmt ist!«
Unglaublich interessant war für Jochanan auch der Gang eines Menschen. Der Gang, dachte er, ist Ausdruck seiner Lebenseinstellung. Wie jemand geht, so lebt er oder sie. An seiner Gehweise kannst du auch viel über die Lebensgeschichte

einer Person ablesen. Mit starkem Herzklopfen ging Jochanan sieben Tage, nachdem er den Text über die Erschaffung des Menschen aufgeschrieben hatte, zu seinen Freunden. Er hatte es sich zur Gewohnheit gemacht, ihnen seine Texte vorzulesen und sich durch ihre Anregungen verbessern, korrigieren und ergänzen zu lassen. Auf den Text von der Erschaffung des Menschen waren alle sehr gespannt. Jochanan setzte sich in ihre Runde und las ohne Erklärung vor: *»Gott schuf den Menschen zu seinem Bilde, zum Bilde Gottes schuf er ihn, und schuf sie als Mann und Frau. Und Gott segnete sie und sprach: Seid fruchtbar und mehret euch und füllet die Erde.«* Die Freunde waren tief ergriffen. Nach langem Schweigen sagte David, der Ziegenhirte: »Weißt du, dass du mit dem Satz: ›*Gott schuf den Menschen zu seinem Bilde*‹ alle Machthaber der Erde in Frage stellst? Jedem Menschen, jedem Volk auf der Erde ist damit dieselbe Würde zugesprochen. Wenn das die Menschen verstehen, kann es keinen Krieg mehr geben.«

»Und«, warf Rebekka, die jüngste in dem Kreis ein, »was ist, wenn ein Mensch schwer krank oder gar verstümmelt ist?«

»Auch dann«, antwortete Jochanan, »die Ebenbildlichkeit Gottes kann der Mensch durch nichts verlieren, sie gehört zu seinem Wesen, zu seiner Grundausstattung. Jeder Mensch ist dazu geschaffen, mit Gott in Beziehung zu treten.«

»Durch nichts«, wiederholte Rebekka, »durch nichts.« Und alle spürten, dass darin für sie, die einen behinderten Sohn hatte, eine Erlösung lag.

»Wenn ich dich recht verstanden habe, hat Gott Menschen geschaffen als Wesen, die in Gemeinschaft leben und auf Gemeinschaft angewiesen sind«, warf Benjamin, der Gerber, ein.

»Und«, fügte seine Frau Ruth hinzu, »Gott hat von Anfang an die Menschen als Frauen und Männer geschaffen. Ebenbürtig und gleichwertig. Davon ist jedoch in meinem Alltag we-

nig zu spüren. Dein Text ist ein Hoffnungszeichen für uns Frauen, ein Wort der Ermutigung.«
Jetzt stand Daniel auf: »Ja, Jochanan, Menschen sind Gemeinschaftswesen. Aber Gott legte nicht fest, mit wem die Gemeinschaft gelebt wird. Jeder Mann, jede Frau kann frei entscheiden, mit wem er oder sie zusammenleben will.« Alle spürten an dem Zittern in Daniels Stimme, dass es ihm schwer gefallen war, seine Gedanken auszusprechen, und wie wichtig es für ihn war, diese gesagt zu haben.
Der alte Sebulon bat Jochanan darum, noch einmal den Anfang des Satzes vorzulesen. »Gott schuf den Menschen . . .«
»Da fehlt etwas«, sagte Sebulon. »Du solltest zum Ausdruck bringen, dass sich Gott von Anfang an für die Menschen entschieden hat, dass es sein fester Entschluss war Menschen zu schaffen, Lebewesen, die ihm als Gegenüber, als Gesprächspartner, entsprechend sind.«
»Entsprechend sind«, wiederholte Jochanan nachdenklich. »Entsprechend.« Und dann erzählte er, wie er zu Gott gebetet hatte: Zeig mir meine Bestimmung! »Immer hat Gott mit demselben, für mich bisher unverständlichen Wort ›entsprechend‹ geantwortet.«
»Danke«, sagte Jochanan, stand auf und gab dem alten Sebulon einen Kuss auf die Stirn. »Unsere Sprache«, warf Josaphat, der Schriftgelehrte, ein, »unsere Sprache hat für den festen Entschluss eines Menschen den Ausdruck: Lasset uns machen!«
Ich würde die Schöpfungsgeschichte des Menschen deshalb – wie Sebulon vorgeschlagen hat – mit dem festen Entschluss Gottes für den Menschen beginnen, und zwar so: *»Und Gott sprach: Lasset uns Menschen machen, uns entsprechend.«*
»Das ›entsprechend‹ ist doch bereits in dem Ausdruck ›Ebenbild‹ enthalten!«, rief Hanna, Daniels Frau, dazwischen. »Warum nicht einfach und klar: Und Gott sprach: Lasset uns Menschen machen, ein Bild, das uns gleich sei?«

»Und Gott sprach, lasset uns Menschen machen, ein Bild, das uns gleich sei«, wiederholte der alte Sebulon. Damit ist alles gesagt, um fröhlich zu leben und getrost zu sterben: Gott hat sich für uns Menschen entschieden. Wir kommen durch Ihn, leben in Ihm und sterben in Ihn hinein.« Sebulon konnte oft Gedanken so zusammenfassen, dass alle tief berührt waren.

Jochanan spürte, wie reich er durch das Gespräch mit den Freunden und Freundinnen beschenkt worden war. Aber bevor er sich bei ihnen bedanken konnte, ergriff der alte Ephraim mit seiner hellen Stimme das Wort: »Du kannst nicht leugnen, dass die Menschen eine besondere Verantwortung für die Tiere haben. Denk nur an die Schafe und Ziegen. Eine Fürsorgepflicht. Und es gibt eine verstandesmäßige Überlegenheit des Menschen. Wir können z. B. Tiere für uns arbeiten lassen.«

»Das«, rief Jochanan, »ist auch eine große Gefahr.« Und Jochanan erzählte nun von dem erschütternden Erlebnis mit dem Esel, der von seinem Besitzer beinahe zu Tode geprügelt worden wäre, weil er den schweren Karren nicht mehr ziehen wollte.

»Durch solches Verhalten übt der Mensch Verrat an seiner Ebenbildlichkeit mit Gott und an seiner königlichen Würde«, fügte Jochanan hinzu.

»Gerade deshalb musst du in deinem Text schreiben, dass der Mensch die Aufgabe hat, für die Tiere zu sorgen, wie ein guter König für seine Untertanen.«

Jochanan spürte, dass seine Merkfähigkeit sehr nachließ. Er stand auf, versprach diesen Gedanken in seinen Text aufzunehmen, bedankte sich bei allen und ging nach Hause.

Eine Woche später las Jochanan im Kreis seiner Freunde den erweiterten Text vor: »Macht euch die Erde untertan und herrschet über die Fische im Meer und über die Vögel unter dem Himmel und über das Vieh und über alles Getier, das auf Erden kriecht.«

Alle nickten zustimmend. Nur Jochanan selbst kamen Bedenken: Werden die späteren Leserinnen und Leser verstehen, was das heißt: Wie ein guter König für sein Volk, seine Untertanen, so soll der Mensch für die Tiere sorgen, gerecht und barmherzig?! Jochanan wollte deshalb seinen Text mit einem erklärenden Zusatz in diesem Sinne ergänzen.
»Nein«, entgegnete Simeon, »das genügt! Untertan machen und herrschen, damit ist für alle klar: wie ein guter König. Wie ein guter König, der weiß, dass er Gottes Verwalter, sozusagen Gottes Stellvertreter ist und so anstelle Gottes für alle Geschöpfe sorgt.« »Aber«, widersprach Ruben, der so gut wie kein Fleisch aß, mit zorniger Stimme, »aber warum schlachten Menschen Tiere, warum essen wir Gottes Geschöpfe auf? Warum frisst ein Tier das andere? Du widersprichst dir ja selbst: Der Mensch soll für die Tiere sorgen und tötet sie.«
Jochanan war verlegen. Er blickte Hilfe suchend in die Runde. Doch die Frage blieb ohne Antwort. »Ich werde darüber nachdenken«, versprach Jochanan, packte sein Schreibzeug ein und ging nach Hause.

8. Gott hat uns vorgelebt, was unbedingt wichtig ist
(1. Mose 2, 1–4a)

Jochanan fasste sich an den Kopf. Das ist bei mir immer so, dachte er. Wenn der Anfang einmal gemacht ist, läuft alles ganz gut. Bis auf den Schluss. Warum fällt es mir so schwer etwas fertig zu machen? Wie oft hatte seine Frau Miriam gefragt: Wann willst du das denn endlich fertig machen?
Ja, dann hatte er sich meistens widerwillig aufgerafft und das hintere Stück Gartenland umgegraben oder der Wiege den letzten Schliff gegeben. Aber diesmal, diesmal war es besonders schwer. Vielleicht lässt sich die Schöpfungsgeschichte gar nicht zu Ende schreiben. Überhaupt, das wusste Jochanan genau: Es war viel schwerer einen Text zu Ende zu schreiben, als das Gartenland umzugraben. Muss nicht alles irgendwie offen, unvollendet bleiben? Nein, sagte sich Jochanan und wurde zornig auf sich selbst. Du bist schon wieder dabei, eigene Eigenschaften auf Gott zu übertragen. »Gott lässt nichts unvollendet«, sagte er laut und schrieb gleichsam als Schlusssatz seiner Schöpfungsgeschichte: *So wurden vollendet Himmel und Erde, »mit ihrer ganzen Fülle.«* (zitiert nach Westermann, S. 233)
Dann las Jochanan noch einmal seinen Text durch, den er über den Auftrag des Menschen geschrieben hatte: *»Und Gott segnete sie und sprach zu ihnen: Seid fruchtbar und mehret euch und füllet die Erde und macht sie euch untertan und herrschet über die Fische im Meer und über die Vögel unter dem Himmel und über das Vieh und über alles Getier, das auf Erden kriecht.«* (1. Mose 1,28)
Ja, sagte er sich, herrschen wie ein guter König, als Ebenbild des Schöpfers, der alles sehr gut gemacht hat. Sehr gut? Soll denn der Mensch nur arbeiten? Wo ist da der Unterschied zu

dem, was mein Freund Medach gesagt hatte: Menschen sind dazu da, die Götter zu bedienen. Ihnen die schweren Arbeiten abzunehmen. Ist das Sorgen für die Tiere nicht schwere Arbeit? Aber wie soll der Mensch leben, ohne die Tiere zu belasten? Ist es etwa für einen Esel schön, den schweren Karren zu ziehen oder seinen Herrn auf den Markt zu tragen? Jochanan spürte: Es fehlte noch etwas. Etwas Entscheidendes. Die Ebenbildlichkeit Gottes kann sich doch nicht darin erschöpfen, dass der Mensch fürsorglich für andere da ist? Wann hat der Mensch Zeit für sich? Wann kann er einmal alle Last von Verantwortung loslassen, ausruhen, nichts tun? Leben, das Leben genießen?

Und wann haben die Tiere frei, wann können sie ausruhen? Wenn der Mensch als Gegenüber Gottes geschaffen wurde, ihm entsprechend, dann muss der Mensch doch auch Zeit haben, sich Zeit nehmen, um sich von Gott ansprechen zu lassen.

Sich Zeit nehmen? Nein, das ist ein Widerspruch in sich selbst. Zeit kann sich niemand nehmen. Zeit ist uns gegeben. Zeit ist immer ein Geschenk. Wann aber wird uns Menschen im Alltag des Lebens bewusst, dass Zeit immer ein Geschenk ist. Wie oft denken und wünschen wir uns am Morgen: Wenn doch der Tag nur vorüber wäre!

Jochanan erschrak über sich selbst, ja, so lebe auch ich oft. Und plötzlich wurde ihm bewusst: Wenn Gott die Welt geschaffen hat, die Welt mit der unendlichen Fülle von Pflanzen, Früchten, Tieren, dann doch darum, dass wir Menschen in ihr leben, die Fülle genießen.

Sehr nachdenklich wurde Jochanan, als sein Sohn Manuel, der mit seinem Freund Andreas spielen wollte, enttäuscht nach Hause kam: »Andreas ist krank.« »Der ist aber oft krank«, antwortete Jochanan. »Ja«, sagte Manuel, »Andreas ist krank, weil er so selten spielen darf. Er muss jeden Tag seinem Vater in der Werkstatt helfen. Andreas hat nie einen ganzen Tag frei, so wie ich! Warum feiern die Babylonier keinen Sabbat?« Diese Frage war für Jochanan wie ein Wegweiser. Am Ende der Schöpfungsgeschichte muss eine Einladung stehen: Die Einladung Gottes an *alle* Menschen den Sabbat zu feiern.

»Aber wie soll ich das in der Schöpfungsgeschichte ausdrücken, dass Gott alle Menschen einlädt seine Schöpfung zu genießen, sich an ihr zu freuen, zu spielen, einander zu besuchen, miteinander zu lachen? Jochanan überlegte. Und das war oft so, wenn er überlegte, kamen ihm seine Erinnerungen. Er erinnerte sich an ein Gespräch mit seinem Freund Micha, dem Töpfer. Sie sprachen über Kindererziehung. Micha hatte ihn damals mit großen Augen angeschaut und gesagt: »Wenn du deine Kinder erziehen willst, so lebe ihnen vor, was dir wichtig ist.«

Ja, sagte sich Jochanan, so werde ich es schreiben: Gott hat uns vorgelebt, was unbedingt wichtig ist.

Und Jochanan schrieb: *»Und so vollendete Gott am siebenten Tage seine Werke, die er machte, und ruhte am siebenten Tage von allen seinen Werken, die er gemacht hatte. Und Gott segnete den siebenten Tag und heiligte ihn, weil er an ihm ruhte von allen seinen Werken, die Gott geschaffen und gemacht hatte.«* (1. Mose 2, 2–3)

Ja, nicht nur auf die Tiere und die Menschen legte Gott seine Segenskraft, sondern auch auf die Zeit. Es gibt gesegnete Zeit. Nur für den Menschen? Nein, ganz allgemein. Grundsätzlich. Gesegnete Zeit für alle Lebewesen. Zeit, der besondere Kraft, besondere Lebendigkeit, belebende Kraft innewohnt. Gesegnete Zeit, das heißt doch, von dieser Zeit geht Kraft aus, die zum Gelingen führt. Gesegnete Zeit zum Nichtstun, zum zweckfreien Leben. Ja, das ist Gottes Geschenk. Gottes Recht im wahrsten Sinne des Wortes: das Recht des Menschen wie Gott zu ruhen, die Fülle der Schöpfung zu genießen.

Als seine kleine Tochter Ruth ihn eines Tages fragte: »Papa, wie ist eigentlich die Welt entstanden?«, überlegte Jochanan einen Augenblick, dann erzählte er:
»Keiner konnte so lachen wie Gott. Wenn er lachte, steckte er alle mit an. Sein Lachen kam als Echo von den hohen Bergen zurück, es durchzog die Meere, huschte durch die Wälder, kroch in die Höhlen der Füchse. Jedes Mal, wenn Gott etwas fertig gemacht hatte – und das dauerte oft lange, lange Zeit – aber immer, wenn es fertig war, stand er da, lachte und rief voller Freude: toll, sehr gut, spitze!
Einmal stand Gott vor einer Giraffe, schaute zu ihr empor und lachte. Die Giraffe lachte mit und schleckte ihm vor Freude übers Gesicht. Ein anderes Mal saß er in einem Ameisenhaufen und kringelte sich vor Lachen. ›Sehr gut, sehr gut!‹, rief Gott immerzu.
Dann wieder war Gott für lange Zeit wie verschwunden. Er ritt auf einem Nashorn durch die afrikanische Steppe und lachte. ›Spitze!‹, rief er, ›unheimlich stark. Super!‹ Manchmal stand Gott ganz still vor einer Blume und strahlte übers ganze Gesicht. ›Schön‹, murmelte er vor sich hin, ›unglaublich schön!‹ Es war kurz vor 12 Uhr, da kam er am sechsten Tag in einen Garten. Rechts und links hielt er zwei Wesen an der Hand, die ihm ziemlich ähnlich sahen. Er nannte sie Menschen, Menschenmann und Menschenfrau, er führte sie zueinander. Sie nahmen einander in die Arme, lachten und freuten sich übereinander, so, als hätten sie schon ganz lange aufeinander gewartet. Sie hörten gar nicht wieder auf zu lachen, bis Gott sagte: ›Jetzt werde ich das Wichtigste tun.‹ Dann ging er.
Die beiden standen da und überlegten: Das Wichtigste? Was hat Gott vor? Sie suchten ihn im ganzen Garten und fanden ihn schlafend unter dem großen blühenden Apfelbaum. Der Menschenmann stieß die Menschenfrau in die Seite: Er wollte doch das Wichtigste tun?! Die beiden waren sich

schnell einig: Sie wollten ihn beobachten, herausfinden, was für ihn das Wichtigste war.
Nach einer guten Weile stand er auf, streckte und reckte sich, bog einen Zweig des Mandelbaumes herunter und roch daran. Wieder war da dieses Lachen, dieses befreiende, ansteckende Lachen, und die beiden Menschen mussten sich gegenseitig den Mund zuhalten, dass sie nicht auch laut loslachten. Plötzlich stand Gott ganz still da. Er beobachtete irgendetwas. Der Menschenmann kniff die Augen zusammen und sagte dann ziemlich enttäuscht: Er schaut einer Spinne zu, wie sie ihr Netz webt. Er stand nur da und staunte. Dann klatschte Gott laut in die Hände: ›Spitze!‹, rief er und tanzte um das Spinnennetz herum. Kurz darauf schlichen sie ihm zum See nach. Er sprang hinein und tummelte sich wie ein Fisch im Wasser. Als er sich abtrocknete, hörte die Menschenfrau, wie er etwas vor sich hinmurmelte: ›Hoffentlich werden die Menschen verstehen, dass ausruhen, sich freuen, das Leben genießen, staunen, feiern und fröhlich sein das Wichtigste ist. Hoffentlich werden sie verstehen, dass der siebente Tag eine geheiligte, zweckfreie Zeit, Spielzeit ist.
Er ist mein größtes Geschenk an euch, vergesst das nie!‹, rief er den beiden Menschen zu, die sich hinter dem blühenden Kirschbaum versteckt hatten.«

9. Wie Gott den Esel schuf

(1. Mose 1, 25)

Die Erde trug ihr samtgrünes Kleid, mächtige Zypressen streckten sich zum Himmel und die Eichen breiteten ihre starken Äste aus, als wollten sie alle Bäume umarmen. Vögel nisteten in den Zweigen und in den glasklaren Seen und Flüssen wimmelte es von Fischen.

Da begann Gott am Morgen des sechsten Schöpfungstages mit der Erschaffung der Landtiere. Auch diesmal war es ganz ähnlich wie am fünften Tag: Sobald Gott ein Tier geformt und ihm den Lebensodem eingehaucht hatte, flog, sprang oder kroch es laut schreiend, zischend oder klappernd davon.

Bei dem großen Adler erschrak selbst Gott. Kaum hatte er ihn mit dem Lebensodem angehaucht, da breitete der Adler seine Schwingen aus, biss in die Hand Gottes, die ihn immer noch festhielt und erhob sich mit einem lauten Schrei in die Lüfte.

Das Nashorn senkte den Kopf, als müsse es sich orientieren und rannte dann voller Ungestüm davon, so heftig, dass die Erde unter seinen Füßen erbebte. Nur der Elefant nahm sich Zeit. Er schwang seinen langen Rüssel hin und her, fächerte sich mit den breiten Ohren Luft zu und setzte dann den rechten Fuß vorsichtig ein wenig vor, als wollte er die Tragfähigkeit des Erdbodens prüfen. Skeptisch betrachtete die Gazelle ihre dünnen Beine, besann sich und sprang mit großen Sätzen über den nahen Bach. Weil der Steinbock in der Nähe keine Felsen erblickte, machte er so tolle Luftsprünge, dass Gott einen Augenblick den Atem anhielt. »Schön!«, rief Gott. »Schön! Ein jedes nach seiner Art.«

Ja, die meisten Tiere hatten sofort nach ihrer Erschaffung das Weite gesucht. Nur das Pferd nicht. Es blieb ganz nahe bei Gott stehen und nickte unablässig mit dem Kopf, bis Gott verstand: Er schwang sich auf den schwarzen Rappen und ritt im Galopp davon. »Herrlich«, rief Gott, »absolute Spitze!« Doch nachdem sie zwei Stunden durch die Schöpfung geritten waren, spürte Gott eine gewisse Traurigkeit. Wie immer ging er seinem Gefühl nach, denn, so sagte er sich: »Jedes Gefühl hat seinen Ort.« Er ging also der Traurigkeit nach und bald war ihm klar, die Traurigkeit saß in den Füßen.

»Wir sind«, sagten beide gleichzeitig, »wir sind zu weit vom Erdboden entfernt.« »Stimmt«, antwortete Gott. »Mehr Erdnähe!« Er stieg vom Pferd und überlegte: »Der Elefant ist noch größer. Aber der Ziegenbock!« Doch als Gott sich auf ihn setzen wollte, spürte er sofort: Ich bin viel zu schwer für diesen Rücken.

Nein, kein Tier war wirklich gut geeignet. Bei den einen schleiften die Füße auf dem Boden, bei den anderen beklagten sich die Füße, sie seien jetzt noch weiter von der Erde entfernt, und für viele Tiere war Gott einfach zu schwer.

Enttäuscht setzte sich Gott auf den moosbewachsenen Stein und wartete. »Du, Traurigkeit!«, sagte er und blickte dabei auf seine Füße. »Gut, dass du dich gemeldet hast. Ich sehe ein, es fehlt etwas, etwas Wichtiges: Ein Reittier für mich! Aber wie soll es aussehen? Wie ein kleines Pferd? Nein! Es muss ein anderes Tier sein!« Und weil Gott aus dem Vertrauen lebte, ja Vertrauen sein Wesen ist, wartete er. »Ich bin sicher, du, Traurigkeit, weißt die Antwort. Ich werde mit dir in Kontakt bleiben und auf dich hören.«

So wartete Gott, blieb dabei aber nicht untätig, sondern bereitete ein neues Schöpfungswerk vor. Er kratzte die Farbtöpfe aus und mischte alle Farben ineinander. Weil es ihm um Erdnähe ging, nahm er von der braunen Erde und mengte sie dem grauen Farbgemisch bei. Dann ging Gott seinen eigenen Wünschen nach. Wenn ich über die Erde reite, möchte ich warm und weich sitzen! Also kam nur ein Tier mit einem Fell in Frage. Ich möchte langsam schreiten ohne große

Sprünge! Ein Tier, so stark, dass es mich tragen, dabei aber keine Sprünge machen kann!
Als mein Reittier müsste es etwas von meinem Wesen haben!, dachte Gott und ihm war so, als hätte die Traurigkeit ihm diesen Gedanken zugerufen.
Ja, sagte er sich, es muss ein Tier sein, das die Gemeinschaft liebt, ein Tier voller Lebenslust, und hellhörig muss es sein. Also lange Ohren! Nein, keine Hörner! Aber ausdauernd, wetterfest und . . . ja, das ist absolut wichtig – und wieder war ihm so, als hätte die Traurigkeit gesprochen – mein Reittier muss einen starken eigenen Willen haben.
Nachdenklich stand Gott auf. Die Augenhöhe kam ihm in den Sinn.
»In Augenhöhe muss es sein«, rief er und begann ein Tier zu formen. Dabei saßen, krochen und flogen viele Tiere um ihn herum und beobachteten jeden seiner Handgriffe.
Als der Affe die dünnen Beine sah, kratzte er sich nachdenklich am Kopf. Mit einem verächtlichen »blöh, blöh, blöh« wandte sich das Schaf enttäuscht ab. Und während Gott vorsichtig die langen Ohren formte, wurde der Elefant immer aufgeregter und machte mächtig Wind mit seinen breiten Ohren.
Als Gott dann das Fell des Tieres grau-braun anstrich und als einzige Farbschattierung ein Kreuz auf seinen Rücken malte, flog der Buntspecht mit lautem Gelächter davon.
Das Pferd atmete erleichtert auf: Das neue Tier war doch um einiges kleiner.
Als könne er sich nicht satt sehen, schaute der Ochse mit seinen großen Augen auf das Grautier. Wir könnten Freunde werden, dachte er.
Mucksmäuschenstill wurde es, als Gott dem Esel den Lebensodem einhauchte. Beim ersten Mal geschah gar nichts. Beim zweiten Mal sträubten sich die Rückenhaare des Esels. Erst als Gott mit einem kräftigen dritten Hauch dem Esel mitten ins

Gesicht blies, streckte sich das Tier und stieß ein lautes »ii aa« aus.
»Ja«, antwortete Gott und lachte vor Begeisterung laut auf. »ii aa. Der Anfang meines Namens: Jahwe. Ich bin, der ich bin, werde sein, der ich sein werde. Ich bin immer für euch da. Ruf es laut, ruf es allen zu. Ein großes Ja steht über allem.«
Als Gott sich dann zum ersten Male auf den Rücken des Esels setzte, hielt er selbst den Atem an. Doch der Esel stemmte beide Beine fest zusammen und trug Gott mit einem schrillen »ii aa« davon.
Unter der stolzen Zypresse mit den tief herunterhängenden Zweigen machten sie Rast. »Bleib noch einen Augenblick unter dem Ast stehen«, rief Gott dem Esel zu. »Ich muss die Augenhöhe prüfen!« Dann ging Gott fünf Schritte zur Seite und blickte so, als würde er einem anderen, der auf dem Esel saß, genau in die Augen schauen. »Stimmt exakt«, rief Gott dem Esel zu. »Stimmt ganz genau.« Der Esel aber fragte sich verwundert: Warum ist ihm die Augenhöhe so wichtig?
Nach einer ausgiebigen Ruhepause, in der beide eingenickt waren, ritten sie weiter. Unterwegs flüsterte Gott dem Esel etwas ins Ohr. Der Esel blieb eine Weile stehen, als müsse er überlegen, knickte dann sein linkes Ohr ein wenig um – das hieß so viel wie »einverstanden« – und trabte weiter. An seinem Schritt war zu spüren: sie hatten ein Geheimnis miteinander, ein Geheimnis, von dem eine große Kraft ausging.
Von dem gleichmäßig festen Schritt des Esels waren Gottes Füße eingeschlafen und kribbelten vor Freude, als sie wieder auf dem Boden standen.
Ja, alle Traurigkeit war verflogen. »Danke!«, rief Gott der Traurigkeit nach, die ihrer Schwester, der Heiterkeit, Platz gemacht hatte. Die Heiterkeit knüpfte nun da an, wo ihre Schwester aufgehört hatte, und Gott spürte, wie ihm neue Schöpferkräfte zuwuchsen. Er blickte zum Himmel. Die Sonne

stand an ihrem höchsten Punkt. »Die Tiere sind nun vollkommen! Jetzt lasst uns Menschen machen!«, rief Gott.
Menschen? Die Tiere sahen einander fragend an. Was sind denn nun Menschen?

10. Jedes Jahr ist der Tisch gedeckt
(1. Mose 1, 29)

Es war vor langer Zeit. Die Erde färbte sich, als hätte der Maler alle Farben ausprobieren wollen. Fische tummelten sich im klaren Wasser, junge Füchse spielten vor ihren Höhlen, Adler zogen ihre Kreise am Himmel und Feldmäuse waren damit beschäftigt, die Vorratskammern für den Winter zu füllen. Die ersten Menschen hatten sich gerade ein wenig miteinander vertraut gemacht und dabei festgestellt, dass sie doch sehr gut zueinander passten, da hörte Gott das Knurren der Menschenmägen. Solche Stimmen hatte er vorher noch nie gehört. Aber da er jede Stimme, auch die der Vögel, ja selbst die der Frösche verstand, wusste Gott sofort: das Knurren der Menschenmägen bedeutet Hunger.

Da nahm Gott die Menschen, sein letztes Schöpfungswerk, an die Hand und sprach: *»Sehet da, ich habe euch gegeben alle Pflanzen, die Samen bringen, auf der ganzen Erde und alle Bäume mit Früchten, die Samen bringen zu eurer Speise.«* (1. Mose 1,29)

Der Menschenmann griff sofort nach dem Walnussbaum und wollte die grünen Früchte in den Mund stecken. »Halt!«, rief Gott, »erst schälen, dann aufknacken.« Der Menschenmann stutzte: »Du hast doch gesagt, alles sei zum Essen.« »Ja«, antwortete Gott, »aber bei einigen Früchten würdet ihr euch die Zähne ausbeißen.« »Nüsse wollen geknackt werden«, rief Gott, suchte sich zwei flache Steine, legte die Nüsse dazwischen und knackte sie. »Köstlich«, sagte die Menschenfrau und begann wie Gott die Nüsse zu knacken. »Beim Knacken wächst der Appetit«, sagte sie und fand den herben Walnussgeschmack exzellent.

»Äpfel«, sagte Gott, »könnt ihr bis auf den holzigen Stiel ganz aufessen. Aber Vorsicht bei einem Pfirsich, der hat einen sehr harten Kern!«

Die Menschen lachten, als Gott vorsichtig das Pfirsichfleisch vom Kern löste und den Stein in die Erde steckte.
»Jede Frucht will anders gegessen sein«, rief Gott lachend zurück und schälte sich eine Banane. Die Menschen kamen aus dem Staunen nicht mehr heraus. Vor allem der Geschmack! Eine Frucht köstlicher als die andere!
»Mir«, rief der Menschenmann, »mir schmecken die Erdbeeren am besten.«
»Mir die Kirschen«, warf die Frau ein.
Ja, ja, jedem nach seinem Geschmack. Gut, sagte sich Gott, dass ich die Geschmäcker so verschieden gemacht habe.
Die dunkelblauen Schlehen hatten es dem Mann angetan. Er pflückte sich eine Handvoll und steckte sie in den Mund. Grimmig verzog er sein Gesicht und spuckte die Schlehen in hohem Bogen wieder aus. »Die sind ja vielleicht bitter und herb, die kann man gar nicht essen.«
»Doch«, antwortete Gott. »Du musst nur noch warten, sie brauchen noch mehr Sonne, sie müssen noch reifen.«
»Reifen«, dieses Wort prägten sich die Menschen ein. Reifen, es umschloss ein Geheimnis. Reifen um zu schmecken.
Eines Tages, die Menschen lagen im Schatten des großen Birnbaumes, schrie die Frau auf. Eine Birne war ihr auf den Kopf gefallen. Gott strich ihr zärtlich über die Beule und sagte: »Vorsicht unter dem Birnbaum! Die Birnen sind jetzt reif.«
Bei den Vogelbeeren kam Gott gerade noch zur rechten Zeit. »Diese Beeren sind für die Vögel. Ihr esst besser nicht davon!«
Natürlich probierte der Menschenmann. Er wollte doch wissen, was passieren würde, wenn er von den goldenen Beeren aß. Das Bauchgrimmen ließ nicht lange auf sich warten.
»Die goldenen Beeren«, sagte sich der Menschenmann, »die überlasse ich besser den Vögeln.«
Eine Woche später, die Menschen hatten die köstlichen

Weintrauben entdeckt und sich satt gegessen, kam Gott am Abend in den paradiesischen Garten Eden, um die Menschen zu besuchen. Er sah sofort ihre dicken Leiber und hörte das Rumoren darin. Nein, das war nicht die Stimme des Hungers! Er wusste: Das kommt von der Rohkost!
Wieder nahm er die Menschen an die Hand und zeigte ihnen, wie man durch das Reiben von harten Steinen Feuer macht. Dann führte er sie aufs Feld, nahm die Weizenähre und rieb die Körner heraus. Die Menschen machten es ihm nach und sammelten die Körner in einen Fellbeutel. Nun zeigte ihnen Gott, wie man Brot backen konnte. Die Menschenfrau war begeistert, als sie das warme Brot vom glühenden Stein nahm. Sie wartete, bis es abgekühlt war, roch lange daran und biss dann erst hinein. »Köstlich, köstlich!«, rief sie.
»Im Brot schmeckt ihr meine Güte«, sagte Gott.
Der Menschenmann runzelte die Stirn, wie immer, wenn er Fragen hatte. »Sag, gütiger Gott, wenn es keine Birnen mehr gibt, du siehst ja, so viele wie der Baum trägt, können wir gar nicht essen und einige faulen bereits. Ich meine«, sagte der Menschenmann sorgenvoll, »was sollen wir dann essen, wenn . . .« Gott lachte. »Trockenfrüchte und Brot«, antwortete er.
»Trockenfrüchte?« Die Menschen staunten, wie schnell Früchte in der Luft trockneten. »Die zu essen macht auch Spaß«, rief der Mann mit vollem Mund. Du musst sie nur gründlicher kauen. »Aber«, warf die Frau ein, »was wird, wenn wir alle Trockenfrüchte aufgegessen haben und der Kornsack leer ist?« »Oh ja«, antwortete Gott, »das könnt ihr nicht wissen: Jedes Jahr gibt es neue Früchte, oder genauer gesagt: Zu jeder Jahreszeit gibt es bestimmte Früchte, ihr könnt sie immer wieder ernten. Seht«, rief er, »jedes Jahr ist der Tisch gedeckt: Kommt und esst.« »Danke!«, antworteten die Menschen. »Danke, guter Gott.« Und als die Menschen unter sich waren,

beschlossen sie, jedes Mal, wenn sie Brot backten, ein Zeichen in den Brotlaib zu ritzen, ein Erinnerungszeichen, damit sie das Danken nicht vergaßen.

II. DIE FREUDE WIEDER ENTDECKEN

In der Bibel wird Gott oft als der Raum beschrieben, in dem Menschen fröhlich sind. So im Psalmvers: »Mein Leib und meine Seele freuen sich in dem lebendigen Gott.« (Psalm 84,3) Oder bei Paulus: »Freuet euch in dem Herrn allewege.« (Philipper 4,4)

In einer Welt, die durch tägliche Schreckensmeldungen wie mit einem grauen Nebel überzogen ist, gilt es, den Grund der Welt, die Freude, wieder zu entdecken und einzuüben, sodass der Glanz, der auf den Dingen ruht, wieder sichtbar wird.

Christen und Christinnen, die bereit sind mit Jesus auf den Berg zu steigen, werden erfahren: »Glück macht stark« (11). Die Nachfolge Jesu führt sie durch viele Konflikte zu einer tiefen Freude (12).

Dass bestimmte Lebensbedingungen die Freude ersticken, davon erzählt die Geschichte »Mit dem Sabbat kehrt die Lebensfreude zurück« (13).

Die Erfahrung, wie geteiltes Brot die Lebensfreude wachsen lässt, machen heute immer mehr Menschen und erleben so, wie die Dunkelheit vertrieben werden kann (14).

Querdenker machen selten Karriere. Und doch, ihre Spuren lassen sich nicht wegwischen: Andere Menschen folgen ihnen, bleiben sich selbst treu und geben so der Freude Raum (15).

Nach dem Johannesevangelium ist Jesus gekommen, um Leben, Leben im Überfluss zu bringen (Johannes 10), Leben, das überfließt und andere reich macht (16).

Die beiden letzten Geschichten leiten uns an, durch die Blume und den Esel die Freude wieder zu entdecken (17+18). Vor allem Kinder wissen um dieses Geheimnis.

11. Glück macht stark

(Matthäus 17, 1–8+14–19)

War es vor oder nach Ostern, was wir damals mit ihm, mit Jesus, auf dem Berg erlebten? Ich bin heute überzeugt, es war nach Ostern, kann es mir in der Erinnerung aber nur vor Ostern vorstellen. Eigenartig, das Erlebte ordnet sich anders ein, es bescheint sozusagen den Alltag. Aber war das nicht typisch für jede Begegnung mit ihm? Ist es überhaupt wichtig, *wann* wir auf dem Berg waren? Die Frage nach der Zeit stellt sich mir nach jenem Bergerlebnis anders. Es ist nicht mehr der Zeitfluss des Vorher und Nachher, es ist nicht mehr die Geschichte als Ablauf von Ereignissen, die mich bewegt. Es ist vielmehr die geprägte, die gefüllte Zeit, die meine Erinnerung beflügelt und in die Gegenwart hineinleuchtet.

Was wir damals erlebten, kann ich nur schwer beschreiben. Es waren Augenblicke, die immer wieder durchscheinen, die – so merkwürdig das klingt – zeitlos sind, ja ein Hauch von Zeitlosigkeit, von Ewigkeit.

Mit der an den Fluss der Zeit gebundenen Sprache lässt sich das Erlebte kaum beschreiben. Wenn ich anfange zu erzählen, spüre ich, es war in etwa so und doch ganz anders. »Sein Angesicht leuchtete wie die Sonne«, schreibt der Evangelist. Der Vergleich stimmt, und dennoch muss ich sagen, sein Angesicht strahlte aus und leuchtete zugleich nach innen, es war wie in einem Brennpunkt konzentriert und doch entspannt, ausströmend, ausstrahlend. Eine wohltuende, einladende Ruhe ging von ihm aus – und, wie gesagt, noch viel mehr. Die Worte sind zu blass und zu eng, um das Leuchten einzufangen.

Aber ich bin schon mittendrin im Geschehen und sollte doch alles der Reihe nach erzählen. Was ist Anfang und Ende? Ich versuche trotzdem, alles in eine gewisse Reihenfolge zu bringen:

Wir waren in einer tiefen Krise und sehr verwirrt. Er hatte vom Leiden gesprochen, vom Tod, vom Kreuz, das jede und jeder tragen müsse, um das Leben zu entdecken. Vom neuen Leben jenseits des Todes, vom Leben aus Gott, das den Tod hinter sich hat, sprach er. Er sprach so zu uns, als stünde alles unmittelbar bevor, und einen Augenblick lang hatte ich das Gefühl, alles läge bereits hinter uns. So war das oft mit ihm. Seine Worte waren so vielschichtig, dass du mit dem Denken und Verstehen nicht nachkamst.
Nie sprach er viel oder lange. Nein, die Konzentration seiner Worte in den aufgeschriebenen Evangelien täuscht. Er war eher wortkarg, verglichen mit heutigen Kanzelrednern. Ein einzelnes Wort war genug für eine ganze Woche. So wie das kurze Wort von seinem Leiden und Sterben.
Eine ganze Woche ließ er es in uns kochen. Ja, es kochte in uns über. Einige waren tief traurig und empört zugleich. »Das müssen wir unbedingt verhindern. Er darf nicht den Henkern in die Hände fallen. Am besten ist es, wir verstecken uns«, sagten sie. Andere sprachen davon sich abzusetzen, sich von ihm zu trennen oder mit ihm unterzugehen. Einen dritten Weg sahen sie nicht. Eine kleine Gruppe sprach mit glühendem Kopf von dem Endsieg, der mit Gottes Legionen jetzt erkämpft werden würde.
Ich stand bei solchen Diskussionen meistens ein wenig hilflos daneben. Die Schnelldenker waren mir zu vorlaut, die Schwarzseher zu kurzsichtig und ich selbst zu verwirrt, um die Fäden entgarnen zu können. Du hast dir zu viele Querköpfe als Freunde ausgesucht, dachte ich und schämte mich dazuzugehören. Nur die Frauen unter uns stellten sich anders ein auf das, was er gesagt hatte. Sie nahmen ihn ernst. An Johanna und Maria aus Magdala habe ich das besonders beobachtet. Die beiden begegneten Jesus seit seiner dunklen Prophezeihung vom Leiden und Sterben, wie wenn der heutige Tag mit ihm der letzte wäre.

Das Wort vom Leben, das den Tod hinter sich hat, schienen die beiden allerdings auch vergessen zu haben. Oder konnte es damals niemand von uns hören? Ich erinnere mich, er sagte einmal, dass Menschen Ohren haben und doch nicht hören.

Heute verstehe ich: Wir hörten damals nur, was uns gerade beschäftigte.

In der Tat, wer auch nur ein wenig politischen Spürsinn besaß, der erkannte, dass Jesus alle wichtigen Behörden, alle Mächtigen brüskiert, enttarnt, jedenfalls gegen sich aufgebracht hatte.

So uneins sie sich oft auch waren, die Politiker und die ganz Frommen, in etwas waren sie sich einig: Jesus bringt unsere Vorstellung von oben und unten, von anerkannt und abgeschrieben, von reich und arm durcheinander. Entweder er kippt unsere Ordnung oder wir kippen ihn.

Wir, seine Freunde und Freundinnen, spürten damals alle die tödliche Spannung, die in der Luft lag. Wir machten uns jedoch ehrlich gesagt weniger Gedanken und Sorgen um ihn als um uns. Er schien seinen Weg zu kennen. Wir aber, wir tappten im Dunkeln. Was er uns gesagt hatte, vertiefte die Angst um uns selbst. Noch nie waren wir so zerstritten über unseren Weg mit ihm wie in jenen Tagen.

Es ist allgemein bekannt: Wo du auch anfängst mit deinen Gedanken, sie führen dich nur tiefer in die Angst, bis auf die Talsohle führen sie dich.

Genau eine Woche nach seinem dunklen Wort vom Leiden und Sterben weckte mich Jesus sehr früh am Morgen. »Wir müssen auf den Berg«, sagte er. Er sagte das so, als sei jetzt die absolute Zeit. Das war oft so bei ihm. Außer mir nahm er noch meinen Bruder Johannes und Petrus mit. Auf den Berg, hatte er gesagt. Keiner von uns wusste, welchen Berg er meinte. Lange gingen wir schweigend durch die Nacht, dem anbrechenden Tag entgegen. »Bevor du auf den

Berg steigst«, sagte er kurz vor dem Ziel zu mir, »musst du Abstand von allem gewinnen.«
Er begrüßte den Berg wie einen vertrauten Freund mit einem Kuss auf den Felsbrocken. Dann ging er mit uns den schmalen Trampelpfad hoch. Mehr als den nächsten Schritt konnte ich nicht überblicken. Langsam und gleichmäßig stiegen wir hoch. Jeder war einmal Erster und Letzter.
Es war einer der letzten Tage des Spätregens. Der Himmel war ziemlich verhangen. Schweigend und gespannt stiegen wir der aufgehenden Sonne entgegen. War es der gleichmäßige Schritt oder die gespannte Erwartung? Ich spürte kaum Müdigkeit. Es war vielmehr wie eine Erleichterung, als wir miteinander den Gipfel erreichten.
Als hätten wir es vorher abgesprochen, stellten wir uns im Halbkreis nebeneinander. Jesus blickte zum Himmel, hob die Arme wie eine leere Schale nach oben, als würde er auf jemanden warten.
War es der erste Strahl der Sonne, der die Wolkendecke durchbrach und genau auf ihn fiel? Ich weiß es nicht. Das ist manchmal so, dass Naturereignisse und Gotteserfahrung sich in meinem Erleben vermischen. Mir fehlen oft die Worte, um zu beschreiben, was ich dann erlebte. Ich weiß nicht einmal genau, ob ich die Augen offen oder geschlossen hatte. Ich glaube, ich hatte sie geschlossen. Es war »ein Sein zwischen Traum und Wirklichkeit«, zwischen Himmel und Erde.
Er sprach mit Mose und Elia. Oder nein, sie sprachen zu ihm. Von dem Gesprächsinhalt habe ich leider nichts behalten. Aber mit jedem Wort, das die drei miteinander sprachen, wuchs in mir die Gewissheit, das ist unser Weg, das ist dein Weg, der Weg der barmherzigen Weisungen Gottes, des mitgehenden Gottes gegen den Gott der Macht, des Besitzes, des Geldes.
Diese Gewissheit auf dem richtigen Weg zu sein, gab mir ein unbeschreibliches Gefühl von Glück. Was auch kommen

mochte, mit ihm, mit Jesus gehen wir Gott entgegen. Der Weg mit ihm würde uns wie bei Mose durch die Wüste führen, und immer wieder drohte die Gefahr, sich dem Gott des Besitzes anzuschließen. Mose und Elia haben dieser Gefahr widerstanden, und auch wir mussten ihr widerstehen. Besitz macht leicht besessen. Unser Weg mit Jesus war der Weg in die Freiheit der Kinder Gottes.

Ja, ich sagte es schon, sein Antlitz leuchtete wie die Sonne. Wir erkannten: Er ist das Licht, er ist der Weg, der uns und alle Menschen zu Gott führt. Er ist die Wahrheit, die lebendig macht.

Petrus sprach aus, was wir drei dachten: »Lasst uns für immer hier oben bleiben, hier ist es so schön.« Nein, wir schämten uns nicht, einen so kindlichen Wunsch zu haben, den Augenblick des Glücks wie eine Ewigkeit festhalten zu wollen.

Dann hörten wir jene gewaltige Stimme, die wie bei seiner Taufe rief: »Dies ist mein lieber Sohn, an dem ich Wohlgefallen habe, den sollt ihr hören.« Wir waren zu Tode erschrocken. In den Heiligen Schriften ist oft von Gottesfurcht die Rede. Seit dem Bergerlebnis verstehe ich, was damit gemeint ist: Gottesfurcht ist die beglückende Ehrfurcht und das Erstreben, vor dem lebendigen Gott, dem Schöpfer von Himmel und Erde, dem Anfänger und Vollender der Zeit zu stehen.

Meiner Erinnerung nach waren es die Bergdohlen, die mich mit ihrem gellenden Schrei in die vertraute Wirklichkeit zurückriefen. Ich öffnete die Augen und sah nur ihn, ihn allein. »Steht auf, fürchtet euch nicht«, sagte er und richtete uns auf. Ohne diesen Ruf, ohne diese Ermutigung wären wir in dem Gefühl von Glück und Erschrecken versunken. Allein findest du aus solchen Gefühlen schwer heraus. Sie sind wie ein Strudel. »Steht auf, fürchtet euch nicht.« Er wischte damit nichts aus, gab vielmehr den Bildern, den Visionen, den Gefühlen einen Rahmen, führte uns wie durch ein Tor zurück in den

grauen Morgen, mit den tief hängenden Regenwolken. Auf dem Berg des Glücks gibt es kein Zuhause, das wurde mir mit jedem Schritt ins Tal klarer. Gleichzeitig nahm ich mir fest vor, zum Berg zurückzukehren.
Erst viel später erkannte ich, der Berg, das ist nicht irgendein Gipfel, sondern der Ort, dein Ort der Gottesbegegnung, der Visionen, der gewiss machenden Erkenntnis. Wir müssen immer wieder miteinander auf den Berg.
Unten, am Fuß des Berges erwartete uns der Vater mit dem kranken Sohn. Einige sagten: »Das Kind ist mondsüchtig.« Andere behaupteten, es sei von bösen Geistern besessen.
Ich war müde und wütend zugleich und wollte mich am liebsten wieder auf den Berg zurückziehen. Bis ich den Zusammenhang zwischen unserem Erlebnis auf dem Berg und den Nöten der Menschen im Tal erkannte: Das Glück der Gewissheit muss im Tal laufen lernen. Im Tal, in der Begegnung mit der Mondsehnsucht, wird die Gewissheit des Berges auf die Beine gestellt, sodass Menschen sicher gehen lernen. Denen, die Gott zu sicherem, aufrechtem Gang befreit und beruft, sind Feuer und Wasser keine tödlichen Fallen mehr. Wer ihm, Jesus, nachfolgt, darf um seinet und der Menschen willen nicht auf dem Berg bleiben. Aber ohne Bergerlebnisse erstickst du im Tal. Nur wer immer wieder auf den Berg zurückkehrt, vermag sein Kreuz zu tragen und angesichts der vielen Kreuze im Tal getrost zu leben.
Vermutlich ist es eine Nebensache, die mich persönlich noch beschäftigt: Ohne heiligen Zorn bist du der Mondsehnsucht nicht gewachsen.
Wo ist dieser heilige Zorn, der die Dämonen benennt und austreibt? Sind die Dämonen, die zerstörenden Mächte unter uns deshalb so stark, weil uns dieser heilige Zorn fehlt und uns der Weg auf den Berg zu steil erscheint?
Das Bergerlebnis liegt, ich sagte es bereits, lange zurück. In der Erinnerung überschneiden sich die Bilder. Jesus auf dem

Berg damals und der auferstandene Christus, der uns segnend in die Welt schickte: »Gehet hin in alle Welt . . . und siehe, ich bin bei euch alle Tage, bis an der Welt Ende.«
Ich sehe ihn merkwürdigerweise immer in der lichten Gestalt und mit den durchbohrten Händen, die uns an das Leiden, an das Feuer des Hasses und die Flut der Verfolgung erinnern. Wie gesagt, diese Bilder überschneiden sich in mir: Ich sehe die Herrlichkeit Gottes im Antlitz des gekreuzigten und auferstandenen Christus.

12. Ich kann wieder lachen!

(Matthäus 9, 9–13)

Er hatte gerade das ausgeliehene Geschirr des Nachbarn zurückgebracht – seine Gäste saßen noch im Garten – da kam der römische Bote mit der Einladung vom Bezirksgericht Galiläa. Alle Achtung, sagte er sich, die reagierten schnell! Gestern erst hatte er die Zollstation verlassen, heute war bereits die Vorladung vors Gericht da. Wenn es ums Geld geht, reagieren die Behörden sofort, dachte er. Die müssen ein perfekt funktionierendes Spitzelsystem haben. »Vorladung wegen Vertragsbruch und verweigerter Kooperation«, wiederholte der römische Bote und riss Matthäus aus seinen Gedanken.

Erst jetzt wurden ihm die Konsequenzen seines Verhaltens deutlich: Ich habe den Pachtvertrag gebrochen, die von den Römern gepachtete Zollstation verlassen. Einen Augenblick lang spürte er, wie die alte Angst wieder in ihm hochkam. Aber dann war ihm so, als hörte er wieder den Ruf: »Komm und folge mir nach! Komm mit mir!« Da war nichts Drängendes, kein Befehl, kein Betteln. Es war so, als hätte der Fremde ihn eingeladen: Wir beide könnten Freunde sein, du und ich. Wir könnten zusammen das Leben entdecken. Komm mit!

Und er war spontan aufgesprungen, hatte alles stehen und liegen lassen, die Kasse, die Zollisten . . .

Es war so, als hätte der Ruf des Fremden die Stricke, die Bindungen an sein altes Leben zerschnitten.

»Ja«, sagte Matthäus mit fester Stimme, »ich werde der Vorladung folgen.« Und er ließ sich den genauen Termin geben: übermorgen, um 10 Uhr.

Der römische Bote musterte ihn kurz, als wolle er seine Vertrauenswürdigkeit prüfen, und ging.

War es die frische Morgenluft, die leuchtenden Farben der Blumen? Als sich Matthäus am Morgen sehr früh auf den Weg zum Bezirksgericht nach Cäsarea machte, stiegen Erin-

nerungen in ihm auf. Er ging seinen Weg und war doch in Gedanken wieder bei dem großen Festessen mit Jesus. Alle meine Freunde haben sich wohl gefühlt, gegessen, getrunken, gelacht, getanzt bis in den frühen Morgen, nur ich nicht, dachte Matthäus. Ich habe immer darauf gewartet, dass Jesus mir eine gesalzene Strafpredigt hält. Erst im Morgengrauen hat der Schlaf mein banges Warten beendet.
Jesus hat keine von meinen Freundinnen, keinen meiner Freunde verurteilt: Simeon, den Taschendieb nicht, auch Esther, die für Geld mit jedem schläft, nicht. Mich auch nicht. Warum fällt es gerade mir so schwer, Vergebung ohne Bedingungen anzunehmen? Bin ich unbarmherziger mit mir als Gott?
Jesus hat mich als Gast Gottes an seinen Tisch eingeladen. Warum schließe ich mich selbst aus? Ja, sagte sich Matthäus, Jesus hat mit uns allen Gottes Gegenwart gefeiert, Tischgemeinschaft mit Gott. Schade, dass die frommen Leute draußen vor der Tür nicht mitfeiern wollten. Wir wären zusammengerückt und das Essen, auch der Wein, hätte für alle gereicht. Aber, das fiel ihm erst beim Gehen im Schatten der Olivenbäume ein, Jesus hatte auch den frommen Leuten keine Moralpredigt gehalten. Er hatte sie vielmehr gelobt: »Die Starken brauchen keinen Arzt«, hatte er zu ihnen gesagt. Matthäus machte eine Pause und setzte sich unter einen Olivenbaum. Er lachte vor sich hin.
Ja, er hat Recht, ich war krank. Krank vor Gier nach Geld, Macht und Ansehen. Krank ohne körperliche Symptome. Nur das rätselhafte Wort vom Opfer, das verstehe ich nicht! Er versuchte es zusammenzukriegen: Barmherzigkeit erwartet Gott von uns, keine Opfer oder so ähnlich. Opfer, schoss es ihm durch den Kopf – Opfer habe ich auch immer gegeben. Reichlich sogar: an die Armen, die Kranken, den Altenpflegeverein. Ja, stimmt. Wenn ich ein schlechtes Gewissen hatte, habe ich mehr gegeben. Mich sozusagen losgekauft.

Du opferst von deinem Überfluss und vermeidest es dich zu ändern. Hältst dir das Leid der Menschen durch deine Opfer vom Leib. Barmherzigkeit, nicht Opfer, hatte Jesus gesagt, so klar, so einfach ist Gottes Wille. Einfach? Wenn du deinem Herzen folgst, entdeckst du: Es gibt kein fremdes Leid.

Erst als Matthäus die Kälte der Eisenstange, an der er sich festhielt, in seinen Händen spürte, wurde ihm deutlich bewusst, dass er zum Verhör vor der Schranke des römischen Bezirksgerichts stand.

»Stimmt es, dass der Fremde dich aufgefordert hat, die Zollstation zu verlassen?«, begann der kleinere der beiden Beamten das Verhör.

»Nicht aufgefordert, er hat mich zu sich gerufen«, antwortete Matthäus. »Aha«, sagte der Beamte und machte mit der Hand die Rufbewegung nach: »Von unserer Zollstation zu sich. Wo ist da der Unterschied zu einer Aufforderung, die Zollstation zu verlassen? Ist dir klar, dass du gegen die Staatsmacht gehandelt hast?«

Der Beamte blätterte in seinen Unterlagen. »Der Vertrag ging noch bis zum Jahresende. Warum bist du nicht geblieben?« – »Ich, ich musste ihm folgen, es war wie der Ruf in die Freiheit. Ich konnte nicht anders. Jetzt oder nie, dachte ich.«

Die beiden Beamten schauten einander an. »Passt«, sagte der eine und machte sich eine Notiz. »Der Kreis schließt sich«, fügte der andere hinzu. »Du hast also diesem Mann, wie hieß er doch gerade . . .?« »Sie meinen den Mann, der mich zu sich rief?«, fragte Matthäus.

Jetzt stieg der eine Beamte von seinem Podest herunter:

»Den Namen wollen wir wissen. Den Namen! Oder weigerst du dich, mit uns zusammenzuarbeiten? Immerhin schuldest du uns noch die Pacht für den Rest des Jahres und hast den Vertrag gebrochen.« Jetzt glaubte Matthäus eine Lücke im Netz der Fragen gefunden zu haben. »Ich werde in meinen Bü-

chern nachsehen, was ich in den drei letzten Monaten des vergangenen Jahres gezahlt habe und den Betrag plus 10 % zurückzahlen.« »Gut«, sagte der kleinere Beamte, »ich sehe, du bist kooperativ. Und nun den Namen!«
Matthäus schwieg. Die Beamten wurden ungeduldig. Wieder verständigten sie sich durch Blickkontakte und ein stummes Nicken. »Also machen wir es kurz«, begann der Größere: »Stimmt es, dass ein gewisser Jesus von Nazareth dich, wie sagtest du doch, zu sich gerufen hat?«
»Wenn Sie den Namen schon wissen, warum fragen Sie mich?«, entgegnete Matthäus.
Da spürte er plötzlich einen stechenden Schmerz im Rücken. Von hinten hatte ihm jemand mit einem Stock quer über den Rücken geschlagen. Erst jetzt sah Matthäus die beiden Männer hinter sich. Wie ein Blitz schoss es ihm durch den Kopf, was seine Freunde ihm oft erzählt hatten. Die Macht der Römer beruht auf drakonischen Strafen, andere sprachen deutlich von Mord und Totschlag sowie Folter als Grundpfeiler der römischen Macht.
»Ja«, antwortete er, »es war Jesus, ihm verdanke ich mein neues Leben. Durch ihn habe ich meine Würde wiederentdeckt.« Matthäus zog sein Hemd glatt und stand aufrecht vor den Beamten. »Meine Freunde und ich, wir haben durch ihn unser Leben gefunden.«
Wieder steckten die Beamten die Köpfe zusammen und flüsterten in fremder Sprache miteinander.
»Leben gefunden?«, fragte der Kleinere mit einer merkwürdigen Freundlichkeit. »Ja«, rief Matthäus. »Ich kann mir selbst wieder in die Augen sehen und mich auf morgen freuen. Ich kann wieder lachen, verstehen Sie?«
Der Beamte nickte. »Du meinst also«, sagte er mit einem breiten Grinsen, »du meinst, alles ist wie ein Spaß, ein übler Scherz?«
»Nein«, antwortete Matthäus entschlossen. »Es ist kein

Scherz. Es ist Wirklichkeit. Meine Lebensfreude ist echt. Ich fühle mich frei, frei von Angst.«
»Ich verstehe, du siehst in dem, eh . . . Jesus einen Befreier?«
Matthäus nickte. Der Beamte schrieb ein Wort auf und unterstrich es zweimal.
»Du bist dir hoffentlich bewusst«, warf der andere Beamte ein, »dass dieser Scherz, oder wie du willst, deine Befreiung, ein Vertragsbruch gegen den römischen Staat ist.« Die tiefe Stimme verfehlte ihre Wirkung nicht. »Ja«, antwortete Matthäus, »ich bitte um Nachsicht!« »Du wirst die Pacht bis zum Jahresende bezahlen. Im Übrigen warnen wir dich: Wenn du dich weiterhin zu diesem Jesus bekennst, wird es dir gehen wie ihm. Die Freundschaft mit ihm kann gefährlich werden. Abtreten!«
Einer der Beamten fasste Matthäus am Arm und führte ihn aus dem Gerichtssaal.
Am Abend erzählte Matthäus im Kreis um Jesus von seiner Vorladung vor das Gericht, auch von ihrer Warnung. »Und?«, fragte Jesus ihn, »hast du vorher weniger gefährlich gelebt?«
Matthäus überlegte. »Die Gefahren waren vorher nicht so deutlich, sie kamen von innen«, antwortete er.
»Die Mächtigen zittern vor denen, die ihre Würde entdeckt und ihre Lebensangst verloren haben. Siehe, ich sende euch wie Schafe mitten unter die Wölfe. Darum seid klug wie die Schlangen und ohne Falsch wie die Tauben!«, rief Jesus in die Runde, stand auf und legte sich schlafen.
Jedes Mal, wenn Jesus mit seinen Freunden an einer Zollstation vorbeiging, hielt Matthäus den Atem an, aber merkwürdigerweise rief Jesus nicht jeden aus dem Zollhaus zu sich. War er vorsichtiger geworden? Ahnte er die Gefahr?

13. Mit dem Sabbat kehrt die Lebensfreude zurück

(Nehemia 13, 15–22)

Mir war das nur recht, dass wir vor dem Stadttor warten mussten. Ich kannte zwar nicht den Grund, doch irgendwie hatte ich das Gefühl, als sei heute sowieso Feiertag. Ich konnte mich jedoch auch irren. Lange hatte ich gebraucht, um ein sicheres Gefühl dafür zu bekommen, wann Feiertag und damit arbeitsfrei war.

Bis ich – war es ein Zufall? – darauf kam: Jedes Mal, wenn meine Herrin abends den siebenarmigen Leuchter anzündete, dann war der Abend und der kommende Tag ein Feiertag, allerdings auch nur bis zum nächsten Abend, wenn der Abendstern erschien.

Mit der Zeit bekommst du ein sicheres Gefühl für bestimmte Zeiten. Ja, ich konnte von meinem Schlafplatz aus direkt ins Haus meiner Herrin sehen, wo der große Leuchter stand, doch übte ich mich darin, seltener hinzuschauen.

Schließlich hatte ich es sicher im Gefühl: Morgen ist arbeitsfrei. Einschlafen mit dem Gedanken: Morgen kannst du ausschlafen. Morgen brauchst du deinen Buckel nicht herzuhalten. Morgen musst du nicht in aller Herrgottsfrühe aufstehen und zur Quelle traben, um von dort die schweren Wasserschläuche heimzuschleppen. Feiertag, ein Tag ohne Hetze, ohne Prügel! Auch die Menschen sind an diesem Tag anders. Sie ziehen sich schöne, bunte Kleider an. Sie tanzen, singen, spielen mit ihren Kindern.

Oft wurde ich am siebten Tag vom Lachen der Menschen geweckt. Ein Tag, der mit einem Lachen beginnt: Gibt es Schöneres im Leben? In letzter Zeit ist das Lachen jedoch seltener geworden, ja fast ganz verstummt, so, als hätte es sich von unserem Hof zurückgezogen.

Auch mein Zeitempfinden kam durcheinander: Konnte ich mich bisher auf meine innere Zeituhr verlassen, so musste ich nun immer öfter auch am siebten Tag früh aufstehen und mit meinem Herrn in die Stadt auf den Berg ziehen.
Vergeblich habe ich mich dagegen gewehrt. Bin unterwegs lange stehen geblieben, länger als sonst. Aber wenn die Prügel immer heftiger werden, gehst du schließlich weiter, nur um dem Schmerz zu entfliehen.
Die Feiertagsarbeit hatte jedoch auch ihren Reiz: Weinschläuche, Säcke mit frischen Feigen, große, an Stöcke gebundene Weintraubendolden und Körbe voller Granatäpfel mussten wir auf den Markt tragen. Dem betörenden Duft der Früchte konnten wir oft nicht widerstehen. Wenn wir dicht hintereinander trabten, zupfte ich unbemerkt an den Trauben oder naschte am Obst in den Körben. Früchte waren mir nie zu schwer. Ich trug sie mit Stolz, ganz im Gegensatz zu den Getreidesäcken oder Wasserschläuchen, die oft rissen, weshalb ich den langen Weg nochmals gehen musste.
Damals, als wir am Sabbat Früchte nach Jerusalem tragen mussten, hat uns jemand beobachtet und sein Erstaunen und seine Entrüstung in den Heiligen Schriften festgehalten: *Ich sah Esel beladen mit Wein, Trauben, Feigen und allerlei Last, die sie am Sabbat nach Jerusalem trugen.* (nach Nehemia 13,15). Ja, jener Tag ist auch mir unvergesslich. Denn als wir damals, der Abendstern war bereits erschienen, am Stadttor von Jerusalem ankamen, waren die Tore fest verschlossen. Mir machte das Warten vor dem verriegelten Stadttor, ehrlich gesagt, nichts aus. Ich fand das geradezu lustig, denn wenn wir Esel warten mussten, wetteiferten wir darauf, wer es unbemerkt schaffte, einen Feigensack aufzubeißen. Als dann die Dämmerung hereinbrach, gab es einen heftigen Streit zwischen den Wachposten am Stadttor und den Kaufleuten, die unbedingt noch vor Anbruch der Nacht mit ihren Waren in die Stadt wollten. Mein Herr wäre beinahe handgreiflich ge-

worden, so zornig war er. Doch plötzlich ging ein Flügel des Stadttores auf, ein Mann in festlichem Gewand trat in die Tür. »Schabbat, Schabbat, Schabbat!«, schrie er mit hochrotem Kopf und zeigte dabei zum Himmel. Auf seinen Befehl hin zogen sich die Wachposten zurück in die Stadt. Er selbst ging rückwärts durchs Stadttor und verriegelte es von innen. Die Kaufleute tobten vor Zorn, pochten und traten gegen das Tor. Vergeblich. Schließlich richteten sie sich darauf ein, draußen vor der Stadt die Nacht zu verbringen.

Oh je, das war eine Nacht, ohne Unterstand, ohne Decken. Jämmerlich gefroren haben wir, obwohl wir eng beieinander lagen.

Ich war froh, als die Sonne ihre ersten Strahlen über den Ölberg schickte.

Bis zum Abend mussten wir warten. Dann wurden endlich die Stadttore geöffnet.

Auf dem Rückweg gab es noch eine heiße Diskussion. Die einen waren fest entschlossen, am nächsten Sabbat wiederzukommen, die anderen sagten: »Wir wollen nicht nochmal draußen vor den Toren der Stadt übernachten. Wir bleiben am Sabbat zu Hause.«

Ja, mein Herr gehörte auch zu denen, die nachgaben. Seitdem kann ich mich wieder an meiner inneren Zeituhr orientieren und mich auf den siebten, den freien Tag freuen. Ich spüre, von diesem Tag geht für alle eine große Kraft aus, für Menschen und Tiere.

Ja, mit dem Sabbat ist das Lachen auf unseren Hof zurückgekehrt. Das Lachen und die Lebensfreude. Auch mein Herr spielt und lacht wieder öfter mit seinen Kindern und lässt mich am siebten Tag in Ruhe.

14. Wie sollen wir die Dunkelheit vertreiben?
(Jesaja 58, 1–9a)

Ich weiß nicht, ob Sie das kennen? Manchmal sitze ich nur da und denke nach. Schalte sozusagen alles Lärmende ab. Oh ja, ich weiß, es ist gefährlich. Wenn ich äußeren Lärm abschalte, mich zurückziehe, melden sich die inneren Stimmen zu Wort.

Nein, sie sind nicht nur gut, die Stimmen aus dem Inneren. Oft bin ich wieder aufgestanden und habe mich in den Lärm des Tages gestürzt, um die inneren Stimmen zu übertönen.

Mir ist jedoch klar geworden, weglaufen hilft nichts! Du musst bleiben, die Stille aushalten. Ich habe eine Methode, einen Weg gefunden, der mir hilft: Ich sitze da, lasse Gedanken, Bilder, Stimmen zu, ohne sie festzuhalten. Ich stelle mir mein Inneres wie eine Bühne vor: Bilder, Gedanken, Wünsche, Vorstellungen . . . ich lasse sie kommen und gehen. Ich warte dann, bis sich Bilder und Gedanken einstellen, die mir gut tun. Ja, das dauert oft sehr lange und – das werden Sie wie ich wissen – die Eile, die Hektik ist der größte Feind der Stille. Aber darüber will ich heute Morgen nicht weiter nachdenken. Ich will vielmehr von vorgestern erzählen, von dem überraschenden Besuch: Ich saß da und dachte nach. Erinnerungen kamen und gingen. Erinnerung an die Zeit des großen Zusammenbruchs, die ich nur aus den Erzählungen meiner Eltern kenne. Frühe Kindheitserlebnisse an die Zeit der Gefangenschaft meines Volkes in Babylon. Melodien stellten sich ein, Klagelieder voller Wehmut und Zorn, gesungen an den Ufern des Euphrats. Dazwischen immer wieder die Stimme meines Vaters: »Wenn wir erst wieder im Land der Väter sind . . . wenn der Tempel wieder aufgebaut ist . . . dann wird alles anders.«

»Anders?«, fragte ich damals, denn ich konnte mir nicht vorstellen, was anders werden sollte. Mir gefiel das Leben.

»Zu Hause, verstehst du, wenn wir zu Hause sind, dann fangen wir ganz neu an.« Neu anfangen, auch darunter konnte ich mir nichts Konkretes vorstellen. Ja, es kam dann auch alles ganz anders, als mein Vater es sich erträumt hatte. Er starb, als ich 14 Jahre alt war und er wurde, was immer seine größte Sorge gewesen war, in fremder Erde beerdigt. Wir waren nur ein kümmerlicher Haufen von Leuten, die einige Jahre später von der uns zugestandenen Freiheit Gebrauch machten und in das Land der Väter zurückkehrten. Zu tief hatten die Worte meines Vaters in mir Wurzeln geschlagen: »In dem Land der Väter, in Israel, fangen wir ganz neu an.«

Ja, so dachte ich inzwischen auch. Die Enttäuschung konnte nicht größer sein. Wir, die Rückkehrenden, wurden wie fremde Eindringlinge behandelt.

Grund und Boden waren aufgeteilt und die Menschen auch: Die einen waren sehr reich an Land und Häusern, andere hatten gerade ihr Auskommen und eine dritte Gruppe, die größte, war bitter arm. Uns, den Rückkehrern, war schnell klar, wir gehörten zur letzten Gruppe. Wie gut, sagte ich mir immer wieder, wie gut, dass mein Vater das alles nicht mehr miterlebt! Er hatte davon geträumt, dass im Land der Väter Gerechtigkeit und Friede wie Geschwister wohnen.

Nun, ich will mich kurz fassen. Ich wollte ja von jenem überraschenden Besuch erzählen: Als ich also vorgestern in Gedanken versunken dasaß, klopfte es an die Tür. Ehe ich »Herein!« rufen konnte, standen sie auch schon in meiner Stube. Ich kannte sie alle, die Vorsteher der Gemeinde, alteingesessene Großbauern, die beiden Priester und zwei Leviten, die Gemeindediener. »Und?«, fragte ich erstaunt, »was führt euch zu mir?« Simon, der Gemeindevorsteher, trat vor: »Wir brauchen deinen Rat. Wir wissen nicht mehr weiter. Wir fasten, singen, beten und bleiben doch innerlich leer.« »Gott lässt uns leer«, warf Raphael, der Priester ein.

»Gott lässt uns leer. Er antwortet nicht mehr.«
»Ich weiß nicht, ob du uns verstehst«, begann Simon wieder. »Wir haben, wie du siehst, das Land wieder aufgebaut. Es zu blühendem Wohlstand gebracht. Aber . . . es ist dunkler geworden, dunkler und kälter. In uns! Verstehst du? Im Inneren! Warum bleibt Gott uns fern?«
Ich stand da und wusste keine Antwort.
»Früher«, durchbrach Daniel, der zweite Priester, die Stille, »früher habe ich oft Psalmen gesungen und damit die Traurigkeit vertrieben: Der Herr ist mein Licht und mein Heil; vor wem sollte ich mich fürchten? Wenn ich heute Psalmen singe, bleibt mein Herz kalt. Warum lässt Gott uns leer? Fasten war eine Zeit intensiver Gotteserfahrung. Heute spüre ich nichts als den knurrenden Magen.« »Gott ist also an allem schuld?«, fragte ich zurück.
Sie nickten, blickten zu Boden und schwiegen.
»Wir haben uns strenges Fasten verordnet, bringen große Opfer, aber Gott schweigt, lässt uns mit unserer Lebensangst allein«, fügte einer der Leviten hinzu.
Ich schloss einen Augenblick die Augen, denn ich fühlte mich der Wucht der Fragen nicht gewachsen. Plötzlich standen sie vor mir: Sebulon, mein Nachbar, ein Tagelöhner mit schwielenbedeckten Händen, Martha, die Witwe mit dem krummen Rücken, die ihren Acker verkaufen musste, um Nahrung für ihre Kinder zu beschaffen, Jonas, der herumstreunende 12-jährige Waise, der vom Stehlen lebte . . .
Ich öffnete die Augen und fragte spontan:
»Wo sind sie?«
»Wer?«, fragten meine Besucher zurück. »Die anderen«, sagte ich. »Sebulon der Tagelöhner, Martha die Wäscherin, Jonas der Waisenknabe . . .«
Simon, der Gemeindevorsteher, winkte ab: »Die haben keine Zeit zum Nachdenken. Die sind so mit der Sorge um das tägliche Brot beschäftigt . . .«

»Dass jetzt kein falscher Ton aufkommt!«, unterbrach ihn der Priester. »Bei uns verhungert niemand!«
Ich atmete tief durch und schaute aus dem Fenster auf die Berge Judas. Dabei wuchs in mir die Gewissheit: Sprich jetzt mit den Stimmen der Armen zu ihnen. Und mir war so, als würde mir Gott selbst Mut zusprechen: *»Rufe getrost, halte nicht an dich! Erhebe deine Stimme wie eine Posaune und verkündige meinem Volk seine Abtrünnigkeit und dem Hause Jakob seine Sünden! Sie suchen mich täglich und begehren, meine Wege zu wissen, als wären sie ein Volk, das die Gerechtigkeit schon getan und das Recht seines Gottes nicht verlassen hätte. Sie fordern von mir Recht, sie begehren, dass Gott sich nahe. Warum fasten wir, und du siehst es nicht an? Warum kasteien wir unseren Leib, und du willst's nicht wissen?«* (Jes. 58, 1–3)
Ich schaute daraufhin meine Besucher nacheinander an und sagte: *»Siehe, an dem Tag, da ihr fastet, geht ihr doch euren Geschäften nach und bedrückt alle eure Arbeiter. Siehe, wenn ihr fastet, hadert und zankt ihr und schlagt mit gottloser Faust drein. Ihr sollt nicht so fasten, wie ihr jetzt tut, wenn eure Stimme in der Höhe gehört werden soll. Soll das ein Fasten sein, an dem ich Gefallen habe, ein Tag, an dem man sich kasteit, wenn ein Mensch seinen Kopf hängen lässt wie Schilf und in Sack und Asche sich bettet? Wollt ihr das ein Fasten nennen und einen Tag, an dem der Herr Wohlgefallen hat? Das aber ist ein Fasten, an dem ich Gefallen habe: Lass los, die du mit Unrecht gebunden hast, lass ledig, auf die du das Joch gelegt hast! Gib frei, die du bedrückst, reiß jedes Joch weg! Brich dem Hungrigen dein Brot, und die im Elend ohne Obdach sind, führe ins Haus! Wenn du einen nackt siehst, so kleide ihn, und entzieh dich nicht deinem Fleisch und Blut! Dann wird dein Licht hervorbrechen wie die Morgenröte, und deine Heilung wird schnell voranschreiten, und deine Gerechtigkeit wird vor dir hergehen, und die Herrlichkeit des*

Herrn wird deinen Zug beschließen. Dann wirst du rufen, und der Herr wird dir antworten. Wenn du schreist, wird er dir sagen: siehe, hier bin ich.« (Jes. 58, 3b-9) Simon bekam vor Zorn einen knallroten Kopf. »Wenn du uns nichts Besseres zu sagen hast, ist jede Minute, die wir in deinem Hause verbringen, Zeitverschwendung. Kommt, lasst uns gehen!«
Alle sind sie gegangen. Alle bis auf einen: Johannes, der Gemeindediener, blieb. »Hab ich dich richtig verstanden, du sagst: Frömmigkeit, die blind ist für die Not des Nächsten, ist Verrat von innen, Gotteslästerung? Wer den Hilferuf des Nächsten überhört, wird taub für den Ruf Gottes in die Freude?«
Ich war erstaunt über Johannes und die Tiefe seiner Gedanken. »Ja«, antwortete ich, »mir ist klar geworden: Allein finden wir den Weg zu Gott nicht. Die Armen sind die Weggefährten, die uns den Weg zeigen. Das Brot, das wir mit ihnen teilen, vertreibt die Dunkelheit aus unseren Herzen. Der Wohnraum, den wir ihnen geben, schafft Raum für Gott. Und die Kleider, die sie von uns bekommen, schützen unsere Seele vor dem Erfrieren.«

15. Kommt zum Fest der Querdenker!

(4. Mose 22–24)

Kennt ihr Bileam? Nein? Habe ich mir gedacht. Also, dann will ich euch seine Geschichte erzählen:
Bileam war ein Querdenker. Ein Querdenker? Ja, genau. Ein Querdenker denkt quer.
Wenn gesagt wurde: Das ist für alle gut, dann fragte Bileam: »Wer verdient am meisten daran?«
Wenn alle sagten: Wir müssen die Grenzen dichtmachen, damit kein Fremder mehr zu uns kommt, dann rief Bileam dazwischen: »Wenn wir unter uns bleiben, werden wir bald an der eigenen Enge ersticken.«
Die einen hielten große Stücke auf Bileam, sie nannten ihn einen Propheten. Die anderen stempelten ihn als Spinner ab. Bileam kümmerte sich wenig um das, was die Leute über ihn erzählten. »Wenn ich auf das höre, was die Leute von mir sagen, dann höre ich auf zu hören«, sagte er, lachte und ließ die verdutzten Leute stehen.
Oft saß Bileam auf der Ufermauer, schaute auf den breiten Euphrat-Strom und träumte von einem eigenen Segelschiff, mit dem er über die Meere gleiten könnte. Er träumte, bis ihn die Mücken so zerstochen hatten, dass er, sich überall kratzend, den Heimweg antrat.
Sein Haus war eine bescheidene Hütte in der alten Stadt Petor. Vollgestopft war dieses Haus mit Spielsachen aller Art: Puppen, kleinen Häusern, Kugeln, mit selbst gebauten Musikinstrumenten, Steinen, Bildern, Kinderzeichnungen und vielem mehr.
An jedem ersten Tag der Woche waren die Straßenkinder bei Bileam zum Spieltag eingeladen. Gespielt wurde immer so, dass keiner Verlierer, sondern jeder Gewinner war.
Während der Woche waren die Leute ohne festen Wohnsitz seine Gäste. Mit ihnen machte Bileam Musik, spielte Theater,

erzählte Geschichten bis, ja bis alle im Laufe des Tages oder der Nacht mindestens einmal Tränen gelacht hatten.
»Es gibt so viele Lebenskünstler«, sagte Bileam oft. »Aber viele haben sich versteckt, weil sie arm sind und sich schämen.« Ja, so war Bileam, der Querdenker.
Vorsichtig, sagten einige und machten einen weiten Bogen um sein Haus. Das waren die, deren Bauchmuskeln verkümmert oder verfettet waren, weil sie schon lange nicht mehr gelacht hatten.
An jenem Tag reckten alle Nachbarn neugierig ihre Hälse. Eine Karawane war vor Bileams Haus gezogen. Fürstlich gekleidete Männer stiegen von Kamelen ab und ließen vorsichtig schwere Kisten abladen.
Den Nachbarn blieb der Mund offen stehen: Köstliche Früchte, bestickte Kleider, Gewürze, Perlenketten.
»Alles für dich!«, sagte einer der feinen Herren. Für dich von deinem alten Schulfreund Balak.
»Balak, Balak, Balak?« Bileam schüttelte den Kopf. »Ach«, sagte er plötzlich, »Balak, der Sohn von Zippor. Ja, der saß immer in der letzten Reihe und konnte keinen Satz fließend lesen.«
»Er ist inzwischen König der Moabiter!«
»Was du nicht sagst, der Balak ein König?«
Dann überflogen Bileams Augen die Geschenkkisten, und plötzlich schoss ihm ein Gedanke durch den Kopf: Wenn ich das alles verkaufe, habe ich einen guten Grundstock für ein eigenes Segelschiff.
»Na ja«, sagte Bileam, »wenn mein alter Schulfreund mir so viele Geschenke bringen lässt, will er bestimmt etwas von mir.« Jetzt hellten sich die Gesichter der feinen Herren auf. »Ja«, sagte einer von ihnen, »du bist bekannt für deine überzeugenden Reden. Deiner Stimme kann niemand widerstehen. Balak bittet dich mit uns zu ziehen. Und ja, du sollst nichts anderes tun als ein kleines Volk, das aus der Sklaverei

in Ägypten geflohen ist und eine neue Heimat sucht, zu verfluchen.«
»Was soll ich?«, rief Bileam empört. »Ich kenn die Leute aus dem fremden Volk doch gar nicht!«
»Na ja«, begann der Anführer der feinen Herren, »macht nichts, wir haben alles vorbereitet. Du stellst dich einfach oben auf den Berg und rufst denen im Tal zu: Hau ab, du fremdes Pack! Geht dahin, wo ihr hergekommen seid, dies ist unser Land. Schert euch zum Teufel, ihr elenden Schmarotzer.«
Bileam schüttelte den Kopf. Er sah die Hoffnung auf ein Segelschiff schon wieder sinken. »Ich muss erst einmal alles in Ruhe überschlafen«, sagte er und ging zurück in sein Haus. Die Karawane zog ins teuerste Hotel von Petor, in den Goldenen Ochsen. Ihr hättet die enttäuschten und verärgerten Gesichter der feinen Herren sehen sollen, als Bileam ihnen am nächsten Morgen mitteilte: »Packt euren Krempel wieder ein, ich komme nicht mit. Ich kann doch nicht Menschen zum Teufel wünschen, die ich gar nicht kenne, die mir fremd sind!«
Ja, so war Bileam.
Die Leute aus der Nachbarschaft bestätigten, was die feinen Herren im Grunde schon wussten: Was Bileam sagt, das gilt. Davon weicht er nicht ab.
Der Moabiterkönig Balak tobte, als die Karawane ohne Bileam zurückkehrte. Dich krieg ich schon noch rum, dachte er, denn Balak kannte seinen Schulfreund Bileam nur zu gut. Schon als Kind hatte Bileam von einem großen Schiff geträumt.
»Ihr taugt zu nichts!«, schrie Balak die erfolglos Zurückgekehrten an. »Verschwindet aus meinen Augen!«
Dann ließ er andere, noch mächtigere Fürsten seines Reichs zusammenrufen, um sie zu Bileam zu schicken. »Sagt dem Alten: Du kannst dir von deinem Freund Balak wünschen, was

du willst. Er wird dir jeden Wunsch erfüllen, auch ein Schiff, ein Segelschiff, wenn du mit uns kommst und sagst, was er will.« So taten sie es auch.
Bileam konnte in der Nacht keinen Schlaf finden. Er wälzte sich hin und her. Was habe ich von meiner inneren Überzeugung?, fragte er sich. Was hat sie mir eingebracht? Nichts! Und ist es so schlimm, sie einmal, ein einziges Mal aufzugeben? Später kann ich ja wieder ehrlich sein. Also, Bileam: Sei doch nicht so dumm. Zieh mit und wünsch dir das Schiff! Machen doch alle, ihre eigene Überzeugung verkaufen!«
Ja, und Bileam, man höre und staune, stand am nächsten Morgen reisebereit da und ritt mit in Richtung Jericho. Nein, er weigerte sich auf einem Kamel zu reiten. Er wollte seine Eselin mitnehmen. »Auf die kann ich mich verlassen«, sagte er.
Und merkwürdig! Vielleicht habt ihr das auch schon erlebt: Ein Tier empfindet oft mehr als ein Mensch. Es erkennt die Gefahr. Es spürt die bedrückende Atmosphäre, kann aber nicht darüber sprechen.
Und was machte die kluge Eselin? Sie bockte. Blieb mitten auf dem Weg stehen und weigerte sich, auch nur einen einzigen Schritt weiterzugehen. Alles Zureden war zwecklos. Da platzte Bileam der Kragen. Voller Zorn drosch er auf sein Reittier ein, bis ihm plötzlich die Augen aufgingen und er klar erkannte: Deine Eselin hat Recht, du solltest umkehren. Und so erzählt die hebräische Bibel, es sei ihm gewesen, als höre er die Stimme Gottes: *»Zieh hin mit den Männern, aber nichts anderes, als was ich zu dir sagen werde, sollst du reden.«* (4. Mose 22,35)
Der Moabiterkönig Balak war hocherfreut, als er Bileam kommen sah. »Also, du kennst die Bedingungen: Wünsch das fremde Volk zum Teufel. Mach ihnen Angst und unserem Volk Mut.«
Bileam schaute Balak an und antwortete: »Ich kann nur das

sagen, was Gott mir sagen wird.« Balak nickte: »Klar, ganz klar, verstehe ich. Aber vergiss dabei das Segelschiff nicht!« Balak wusste nur zu gut aus vielen Erfahrungen: Wes Brot ich ess, des Lied ich sing. Bis heute hatten alle, die er gekauft hatte, sein Lied gesungen.

So zogen sie auf den Berg, von dem aus sie die Zelte des fremden Volkes überschauen und ihre Lieder hören konnten. Bileam erschrak. Er erinnerte sich. Du warst doch auch einmal ein Fremder. Damals nach der großen Hungersnot bist du auch vor dem Hunger weggelaufen und warst in deiner jetzigen Heimat ein Fremder. Weißt du noch, wie du dich gefühlt hast als Fremder?

»Von hier aus hören dich alle«, rief Balak mit Begeisterung. »Jetzt leg los! Jag sie zum Teufel. Die anderen werden bald in deine Parolen miteinstimmen. Sag, was dein Gott dir befiehlt!«

Balak war sich sicher: Es gibt keinen stärkeren Gott als Geld und Macht. Plötzlich war es ganz still auf dem kleinen Hügel, und mitten in die Stille hinein ertönte Bileams mächtige Stimme: »Ihr fremden Menschen. Ich segne euch im Namen Gottes, des Schöpfers von Himmel und Erde. Ihr seid gesegnet.« Das Echo von den Bergen wiederholte Bileams Worte. »Gesegnet, gesegnet, gesegnet«, rief es von den Bergen. Balak tobte. Aber er gab nicht auf. Noch zweimal gelang es ihm, Bileam bei seiner alten Schwäche zu packen: »Denk an deinen Traum, das Schiff. Einen Zweimaster schenk ich dir mit voller Sklavenbesatzung . . . Von hier aus, von hier aus«, rief er dann. »Ruf ihnen von hier aus zu: Schert euch zum Teufel! Eine letzte Chance!«

Wieder war es mucksmäuschenstill auf dem Berghang. »Wen Gott segnet, der bleibt gesegnet. Gott bleibt seinem Volk treu. Er lügt nicht. Ihr seid Gesegnete Gottes«, rief Bileam.

Da entbrannte Balaks Zorn gegen Bileam, und er schlug die

Hände zusammen und sprach zu ihm: *»Ich habe dich gerufen, dass du meine Feinde verfluchen solltest und siehe, du hast sie nun dreimal gesegnet.«* (4. Mose 24,10)
»Feinde?«, fragte Bileam. »Warum siehst du in den Fremden deine Feinde?«
»Verschwinde und schlag dir den Traum von einem eigenen Segelschiff aus dem Kopf!«, schrie Balak mit hochrotem Kopf. Dann winkte er seine Sklaven herbei und ließ sich von dem Berg ins Tal tragen.
Bileam aber ritt auf seiner Eselin zurück in sein Land. Er wunderte sich nicht mehr, dass ihn seine Eselin ohne Zögern nach Hause trug. Seinen besten Freund, der ihn empfing, begrüßte Bileam mit den Worten: »Wenn du deine innere Überzeugung verkaufst, bist du schlimmer dran als ein Gefangener im Gefängnis und ärmer als ein Bettler, obwohl sie dir alles bieten.«
Bileam schüttelte den Kopf. »Ich habe es erst spät durchschaut. Sie meinen nicht dich. Sie wollen dich missbrauchen. Du sollst ihren Hass, mit dem sie sich selbst hassen, auf die Fremden übertragen.
Komm«, sagte er dann. »Wir feiern ein Fest, das Fest der Querdenker, und auf die Einladung schreiben wir: An alle, die den Mut haben, zu ihrer inneren Überzeugung zu stehen. Oder nein – «, Bileam zögerte. »An alle, die den Mut haben, in den Fremden Gesegnete Gottes zu erkennen.«

16. Gott schenkt überflüssiges Leben
(Jesaja 55, 1–3)

Sie wollte nach dem üblichen Wocheneinkauf noch schnell über den Markt gehen um frisches Gemüse zu besorgen. Um vier Uhr musste sie Jochen, ihren Jüngsten, vom Kindergarten abholen. Der Freitag war immer eine Hetze! Um sich einen Stein aus den Sandalen zu schütteln, stellte sie ihren Korb auf den leeren Markttisch. Erst jetzt bemerkte sie den Mann hinter dem Tisch und die kleine Gruppe von Zuhörern. »Es gibt zwei Standpunkte«, rief der Mann hinter dem leeren Tisch. »Der Standpunkt, auf dem ich hier stehe«, er sprang ein Stück nach rechts, »der Standpunkt hier heißt: Das Leben ist verdammt hart. Heutzutage kriegst du nirgends was geschenkt. Alles musst du mit sauer verdientem Geld bezahlen. Ohne Worte sieht das so aus.« Er zog sich eine Maske über, die ein breit grinsendes, in den Augenpartien verzerrt-abgespanntes Gesicht zeigte. Dann zog er große, viel zu große Handschuhe an, rannte hektisch hin und her, als würde er die Regale in einem Supermarkt ausräumen und in seine Taschen umfüllen. Die Pantomime wirkte. Die MarktbesucherInnen blieben wie vor einem Spiegel stehen.
Plötzlich stand der Mann hinter dem leeren Ladentisch still, nahm die Maske ab, wischte sich den Schweiß von der Stirn und sprang auf die andere Seite.
»Hier«, sagte er, »gelten andere Regeln. Auf dieser Seite brauche ich keine Maske. Mit Geld«, er zog seine Brieftasche hervor, »mit Geld kannst du hier nichts kaufen. Das Wichtigste im Leben ist nicht käuflich.« Er legte die Brieftasche zur Seite. »Du bekommst es geschenkt, geschenkt von Gott.«
Obwohl er ziemlich laut sprach, schrie der Mann hinter dem leeren Tisch nicht wie der Obstverkäufer gegenüber. Nein, seine Stimme hatte einen werbenden, einladenden Ton. Der

Ton gefiel ihr, und darum blieb Frau K. stehen und hörte zu. »Ich sehe es euch an«, sagte er dann, »wenn von Gott gesprochen wird, gehen bei euch die Rollläden runter. Vielen von euch wurde gesagt, Gott sei ein allgegenwärtiger Aufpasser, der alles schöne lustvolle Leben verbietet. Die meisten von euch stellen sich Gott wie einen strengen Vater vor, der darüber wacht, dass wir uns nicht die Hände schmutzig machen oder ausgelassen fröhlich sind. In vielen von euch ist Gott der verborgene Zwang zur bürgerlichen Anständigkeit, zum Mittelmaß, zur gedämpften Lebensfreude.
Für mich war Gott lange Zeit so wie meine Mutter, die mich nur dann in den Arm genommen hat, wenn ich ›lieb‹ war. Zwei Jahre lang bin ich mit diesem Nein herumgelaufen: Nein, dich, den Wenn-dann-Gott, habe ich satt! Dich möchte ich loswerden!« Der Mann hinter dem leeren Markttisch machte eine Pause und fuhr dann fort: »Das kann nicht alles sein, hab ich mir gesagt. An der Botschaft von Gott muss mehr dran sein, wenn sie frohe Botschaft sein soll. Ich hab das mehr geahnt, gehofft, als gewusst. Immer wieder habe ich in der Bibel und anderen Büchern gelesen, geforscht, nachgedacht, bis ich auf diesen Text stieß: ›Wohlan alle, die ihr durstig seid, kommt her zum Wasser! Und die ihr kein Geld habt, kommt her, kauft und esst! Kommt her und kauft ohne Geld und umsonst Wein und Milch! Warum zählt ihr Gelder für das, was kein Brot ist, und sauren Verdienst für das, was nicht satt macht? Hört doch auf mich, so werdet ihr Gutes essen und euch am Köstlichen laben. Neigt eure Ohren her und kommt zu mir! Höret, so werdet ihr leben!‹ So spricht Gott!
Gott schenkt überflüssiges Leben, Leben im Überfluss, das hat mir noch niemand gesagt«, rief der Mann, und man spürte seine Begeisterung.
Stimmt, dachte Frau K., überflüssig ist eigentlich positiv zu verstehen als das, was von einem reichen und erfüllten Leben

überfließt. Überflüssig, dieses Wort arbeitete in ihr. Ich hab eher das Gefühl von Leere, von hochtouriger Leere, sagte sie sich.
Höret, so werdet ihr leben! Leben, dachte sie. Ich weiß gar nicht mehr, was das ist. Merkwürdig, dieser Mann hinter dem leeren Tisch. Ich glaube, ich hab genug gehört, sagte sie sich, und als sie gerade gehen wollte und sich umdrehte, sah sie, dass außer ihr noch zwei Männer dastanden. Der eine so um die vierzig in einem tadellosen Anzug, vielleicht ein Beamter oder höherer Angestellter, der andere noch ziemlich jung, so um die zwanzig, ziemlich einfach gekleidet. Unwillkürlich schauten die drei einander an. Sie spürten: Etwas Zufälliges hat uns zusammengeführt. Aber etwas Gemeinsames verbindet uns. Das ist weniger als Vertrauen, aber mehr als Gleichgültigkeit. Es ist ein Suchen nach versprochener Erfüllung, ein Warten auf das bisher noch nicht gelebte Leben.
Alle drei waren sie stehen geblieben, weil sie ahnten: Hier könnten wir finden ohne uns zu verlieren, hier könnten wir trinken ohne trunken zu werden, hier könnten wir essen ohne übersättigt zu werden.
»Hört doch auf mich, so werdet ihr Gutes essen und euch am Köstlichen laben«, wiederholte der Fremde und blickte dabei den jungen Mann an. Der schüttelte den Kopf. Nein, dachte er, für mich gibt es kein Leben mehr. Ich habe bereits alles ausgelebt, nichts ausgelassen, alles, was eine Großstadt zu bieten hat, genommen. – Umsonst!? »Sagen Sie mal, wo gibt es heute noch was umsonst?«, rief er. »Natürlich, oft merkst du erst viel später, was der Spass gekostet hat, viel später, viel zu spät.« Er dachte an seine schreckliche Krankheit. Bitterkeit stieg in ihm auf. Aber irgendwie hielt es ihn, weiter zuzuhören.
Hinter ihm hatten sich wieder mehrere Leute versammelt. Der Herr mit dem gestreiften Anzug war auch noch da. Aber die Frau mit dem Gemüsekorb war schon gegangen.

»Sag mal, wie soll das ganz praktisch mit mir weitergehen?«, fragte der gut gekleidete Herr. Der Mann hinter dem leeren Markttisch schaute den Fragenden lange schweigend an, als könne er die Antwort in seinem Gesicht lesen.
»Die Jahre und Tage sind gezählt«, sagte er dann. »Es ist deine Zeit, deine Lebenszeit. Du bist reich an Güte, Verständnis, an Einfühlungsvermögen, du bist reich an Ideen. Lebe aus Gott!«
»Aber wie, um Gottes willen, wie?«, rief der schon etwas ergraute Herr. »Dein Sohn wird es dich lehren, wenn du nach Hause kommst«, antwortete der andere und, sich wieder allen zuwendend, fuhr er fort: »Brich dem Hungrigen dein Brot, und die im Elend ohne Obdach sind, führe ins Haus! Wenn du einen nackt siehst, so kleide ihn und entzieh dich nicht deinem Fleisch und Blut. Dann wird dein Licht hervorbrechen wie die Morgenröte, und deine Heilung wird schnell voranschreiten.«
Ein wenig traurig und enttäuscht ging der Mann heim. Was hat das alles mit unserer Trennung und mit dem Neunjährigen, der bei mir lebt, zu tun? Was soll der Knirps mir schon beibringen?
Er traf seinen Sohn vor dem Fernseher. »Hallo«, rief er. »Hallo«, antwortete sein Sohn ohne sich umzudrehen. Der Vater erschrak. Der Fernseher ist ihm offensichtlich wichtiger. Ich habe mich ihm zu lange entzogen! Mein Gott, was hätte ich auch tun sollen bei all dem täglichen Stress im Geschäft? Er ging in sein Arbeitszimmer, setzte sich an den Schreibtisch, legte den Kopf auf die Akten und kämpfte mit den Tränen. Diesmal konnte er sie nicht mehr zurückhalten. Über zehn Jahre ist es her, seit ich das letzte Mal geweint habe, dachte er. Dann stand er auf, ging zu seinem Sohn, schaute mit ihm den Film zu Ende an und sagte: »Du, morgen ist schulfreier Samstag, das Wetter ist gut, wie wäre es, wenn wir morgen unsere lang geplante Kanufahrt machen würden?« »Aber du

muss doch . . .«, wollte sein Sohn einwenden. »Nein«, unterbrach ihn sein Vater, »ich muss nicht, ich habe morgen frei, frei für uns.«

Frau K. kam später als sonst nach Hause. Sie hatte mit ihrem Sohn noch einen Umweg zum Kloster gemacht. »Nein«, sagte sie, als sie ihren Mantel an die Garderobe hängte. »Nein, ich mache das nicht mehr mit! Ich weigere mich, meine Zeit zu verleben. Ich möchte leben!«

Fast wäre sie über die Lederstiefel ihrer siebzehnjährigen Tochter gestolpert, die im Flur herumlagen. Sie hatte sich bereits gebückt, die Hände schon nach ihnen ausgestreckt, als sie sich ganz langsam erhob. »Nein«, sagte sie. Und dieses Nein gab ihr Kraft.

So blieb der Abendbrottisch unabgeräumt. Das Geschirr stand am nächsten Morgen noch genauso wie am Abend da. Als sie um 6.30 Uhr noch immer nicht aufgestanden war, wurde es in der Küche turbulent. Schließlich stand sie auf, ging ins Esszimmer und setzte sich an den Tisch. »So geht das nicht weiter«, sagte ihr Mann und die Kinder stimmten ihm heftig zu. »Nein, so darf das auch nicht weitergehen, sonst verkümmere ich«, antwortete sie. Aber diesmal hatte ihre Stimme keinen leidenden Unterton, sondern klang stolz und entschlossen. Sie wunderte sich über sich selbst. Wie hatte doch der Mann auf dem Markt gesagt: »Höret, so werdet ihr leben.«

Auch der junge Mann war vom Markt nicht gleich nach Hause gegangen, sondern in seine Stammkneipe. Als der Kellner nach alter Gewohnheit ein kleines Bier bringen wollte, winkte er ab und bestellte einen Cappuccino. Ich muss noch wach bleiben, dachte er, und im selben Augenblick sah er Bernd, seinen ehemaligen Klassenkameraden und alten Freund. Bernd saß hinten in der Ecke über seinem Bier. Sie waren sich aus dem Weg gegangen, nachdem sich beide um eine Lehrstelle zum Kraftfahrzeug-Mechaniker beworben

hatten und nicht Bernd, der Praktiker, sondern er, James, mit den besseren Zeugnisnoten die Stelle bekommen hatte.
»Entzieh dich nicht deinem Fleisch und Blut.« Der Mann vom Markt war auf einmal wieder zu hören. James stand auf und setzte sich zu Bernd. »Wir sollten mal wieder miteinander reden . . . ich meine – wir waren doch Freunde.« Als Bernd nicht antwortete, begann James nach einer längeren Pause: »Seit zwei Monaten weiß ich, dass ich HIV-positiv bin. Ich habe es noch niemandem gesagt.«
James sah den Schrecken in Bernds Gesicht und fuhr ruhig fort: »Nein, keine Angst, ich werde nicht durchdrehen.« Er machte eine Pause. »Du wirst es nicht glauben, seit vorhin habe ich so eine Ahnung, als läge das Leben, ein neues und anderes Leben, erst noch vor mir.« Und dann erzählte James von der Begegnung mit dem Mann auf dem Markt. »Höret, so werdet ihr leben, hat der gesagt.«
Als der Kellner beide zum Zahlen aufforderte, war es bereits 0.30 Uhr. »Danke, dass du dich zu mir gesetzt hast«, sagte Bernd und verabschiedete sich.
Als die letzten Zuhörer gegangen waren, packte der Mann auf dem Marktplatz seinen Tisch und den Stuhl in seinen verrosteten Renault 4 und fuhr heim.
»Gott«, sagte er vor dem Einschlafen, »ich glaube, das war heute alles wieder für die Katz, in den Wind gesprochen. Die Menschen hören nicht mehr auf dein Wort. Das war heute auch wie gesagt das letzte Mal. Ich kündige den Vertrag!«
Ein halbes Jahr später, er war gerade im Kreiskrankenhaus, um einen kranken Freund zu besuchen, da begrüßte ihn auf dem Gang voller Freude eine Ärztin. »Danke«, sagte sie. »Ich hab damals auf dem Markt bei Ihnen viel eingekauft.«
Nur mühsam erinnerte er sich an das Gesicht der Frau, die damals mit ihrem Gemüsekorb an seinem Stand stehen geblieben war und kurze Zeit zugehört hatte.
»Mein Wort wird nicht wieder leer zu mir zurückkommen,

sondern wird tun, was mir gefällt, und ihm wird gelingen, wozu ich es sende.« »Ich verstehe nicht«, sagte die Ärztin. »Macht nichts«, sagte er, »ich hab mich nur erinnert.« Er verabschiedete sich und ging ein bisschen beschämt weiter.

»Hört doch auf mich, so werdet ihr Gutes essen und euch am Köstlichen laben.«

Ich hab das immer nur auf andere bezogen, aber es gilt ja auch mir. Komisch, dass ich da nicht früher drauf gekommen bin, sagte er sich und klopfte an die Tür seines Freundes.

17. Das Geheimnis der Sonnenblume
(Matthäus, 5, 45b)

Im Garten vor Peters Haus blühten seit einigen Tagen fünf Sonnenblumen. Gestern, als Peter mit der Mutter vom Einkaufen zurückkam, blieb seine Mutter mit ihm vor einer Sonnenblume stehen. »Jede Sonnenblume hat ein Geheimnis«, sagte die Mutter. »Ich bin gespannt, ob du es entdeckst.«
Nein, alles Bedrängen half jetzt nichts. Mutter blieb dabei: »Du musst es selbst herausfinden!«
Oft stand Peter nun im Garten und schaute die Sonnenblumen an. Die am Gartenzaun gefiel ihm besonders gut. Sie war nun seine Sonnenblume. Er betastete ihre Blätter und entdeckte, dass sie ganz rau waren. »Nein«, sagte die Mutter, »das ist nicht ihr Geheimnis.«
An einem Samstagmorgen, als Peter gerade den Gartenweg gefegt hatte – das war seine Aufgabe – holte er sich aus dem Keller den alten Stuhl. Den stellte er genau unter seine Sonnenblume, kletterte drauf und schaute in den Blütenkelch. Dabei entdeckte er, dass die Sonnenblume aus vielen kleinen Blüten besteht.
Fast wäre er vor Aufregung vom Stuhl gekippt. Das ist's!, dachte er und lief zur Mutter. Die war gerade dabei, seine Schultüte für den ersten Schultag zu füllen und hatte deshalb die Küchentür abgeschlossen. Peter rüttelte an der Tür: »Mach auf, ich hab das Geheimnis der Sonnenblume entdeckt!« Einen Augenblick später schloss Mutter die Küchentür auf und Peter erzählte ihr von seiner Entdeckung. Aber wieder schüttelte Mutter den Kopf. »Du hast gut beobachtet«, sagte sie, »jede Sonnenblume besteht aus vielen kleinen Blüten. Und aus jeder Blüte entsteht ein Sonnenblumenkern. Aber das ist nicht ihr Geheimnis.« Peter war tief enttäuscht. »Du findest es noch heraus«, sagte seine Mutter und strich ihm durch sein zerzaustes Haar.

Es dauerte eine Weile, bis Peter sich wieder gefangen hatte. Heute wollte er nicht mehr in den Garten und morgen war ja der erste Schultag.
Einerseits freute sich Peter auf die Schule. Er war stolz, jetzt ein Schüler zu sein. Aber da war auch ein bisschen Angst und Sorge. Angst vor dem Neuen, das auf ihn zukam, und Sorge, dass Jochen aus dem Haus gegenüber nicht neben ihn, sondern neben Markus aus dem Nachbarhaus sitzen möchte. Peter wohnte ja hier in der Stadt erst ein halbes Jahr.
Seine Sorge war begründet: Jochen und Markus setzten sich zusammen in die zweite Bankreihe. Peter nahm seinen Ranzen und wollte sich schon allein in die letzte Bank setzen, da rief ein Mädchen mit schwarzen Haaren: »Komm!«, und schlug dabei mit der Hand auf den leeren Platz neben sich. Das war so nett, dass Peter nicht anders konnte, als sich neben sie zu setzen. »Ich bin Ayla, und wie heißt du?« »Peter«, sagte er. Ayla zog ein Bild aus ihrer Tasche. »Schau her«, sagte sie. »Das sind meine drei Brüder und meine Eltern. Wir wohnen schon seit acht Jahren in Deutschland. Vorige Woche sind wir alle aus dem Urlaub in der Türkei zurückgekehrt.« Und Ayla erzählte Peter von der Türkei, von den Bergen, den Blumen, dem Meer . . . Peter war ein wenig traurig und beneidete Ayla. Er hatte keine Geschwister und sein Vater war vor zwei Jahren plötzlich gestorben.
»Nun haben alle ihren Platz gefunden«, rief die Lehrerin und riss Peter aus seinen Gedanken. Aber es fiel ihm schwer aufzupassen. Die Ayla ist sehr nett, dachte er, ihr könnte ich von meiner Sonnenblume erzählen. Vielleicht weiß sie das Geheimnis!
Nach der Schule fragte Peter sie: »Du, Ayla, weißt du das Geheimnis der Sonnenblume?« Ayla zog die Schultern hoch und lachte. »Du wirst es sicher bald entdecken«, rief sie ihm zu und lief zu ihrer Mutter.
Peter hatte es nicht weit bis nach Hause. Er wollte auch nicht,

dass seine Mutter ihn abholte. Er bestand darauf, ganz alleine von der Schule nach Hause zu gehen. So klemmte er die Daumen hinter die Riemen seines Schulranzens und rannte los. Ich muss es heute rauskriegen, das Geheimnis, sagte er sich. Dass es regnete, merkte er gar nicht. Dann stand er vor seiner Sonnenblume. Die Blumen ringsum hatten alle ihre Blüten geschlossen, um sich vor dem Regen zu schützen. Peter schaute in die Blüte der Sonnenblume und erkannte ihr Geheimnis: Ihre Blüte war weit geöffnet und der Sonne, die hinter den Wolken verborgen war, zugewandt. Die Sonnenblume strahlte ihn an, als wollte sie sagen: Lass dich vom Regen nicht verdrießen. Auch bei Regen scheint die Sonne, nur siehst du sie nicht. Und auf einmal wurde Peter ganz fröhlich. »Ich hab's«, rief er voller Freude und stürmte zu seiner Mutter.

»Mutter, Mutter, ich hab das Geheimnis der Sonnenblume entdeckt: Sie bleibt immer offen, auch bei Regen. Sie strahlt jeden an, der sie anschaut, den Fröhlichen und den Traurigen. Das ist so, als wollte sie sagen: Vergiss nicht, es scheint dennoch die Sonne.« »Ja«, sagte Mutter und drückte Peter ganz fest an sich. »Die Sonnenblume wendet ihre Blüte immer der Sonne zu. In der französischen Sprache heißt sie darum: ›Die sich zur Sonne dreht.‹ Jetzt kennst du das Geheimnis der Sonnenblume und unser Geheimnis.« »Wieso unser Geheimnis?«, fragte Peter erstaunt.

»Was du eben mit der Sonnenblume erlebt hast, erleben wir Menschen jeden Tag mit Gott. Er schaut uns an und hat uns lieb. Er ist immer für uns da. Auch dann, wenn es regnet und dann, wenn wir traurig sind . . . Das ist unser Geheimnis!«

Nach langer Schweigepause sagte Peter plötzlich: »Du, Mutter, in der Schule sitze ich neben Ayla. Sie ist sehr nett zu mir. Und morgen erzähle ich ihr das Geheimnis der Sonnenblume und unser Geheimnis.«

18. Lass mich dein Esel sein
(Matthäus 21, 1–11)

Kennt ihr das, kennen Sie das? Fast jeden Tag gibt dir einer neben dir zu verstehen: Du bist viel kleiner als ich, auf dich kommt es nicht an, du bist nicht so stark – die Erwachsenen sagen: nicht so kompetent. Ständig hörst du, dass du deine Arbeit tun und den Mund halten sollst, du bist ja schließlich nur . . . ein Esel.
Im Stall, der an das Gasthaus angebaut war, stand ich direkt neben dem Pferd. Nur eine Bretterwand trennte uns.
Am schlimmsten waren die Tage nach den großen Festen. Jedes Mal musste ich mir dieselben Prahlereien anhören: »Gestern war ich bei dem Empfang des Königs dabei. Der Hauptmann der Königswache ist auf mir geritten, der König ist an mir vorbeigegangen.«
Einmal erzählte das Pferd voller Stolz: »Vorgestern habe ich die Schuhe des Königs beschnuppert. Er saß auf einem prächtigen Gaul direkt vor mir.«
Die Schuhe des Königs beschnuppert!!! Ich muss den ganzen Tag über schwere Lasten tragen, meistens Kornsäcke hin zur Mühle und Mehlsäcke wieder zurück. Nur einen Tag in der Woche, ich zähle immer bis sieben, am siebten Tag lassen sie mich in Ruhe. Die Zeit reicht gerade, um meine müden Knochen zu strecken und ein bisschen Schlaf nachzuholen.
Einmal, ja, ich erinnere mich noch genau, es war gerade Frühling. Draußen saßen die Kaufleute um das Feuer und erzählten Geschichten. Wir standen im Stall und spitzten die Ohren. Sirach, Kaufmann aus Damaskus, so hatte er sich vorgestellt, erzählte mit kräftiger Stimme:
»Mein Freund Ismael ist mit einer schweren, teuren Fracht – Salz, Elfenbein und Silber – über das Hermon-Gebirge nach Antiochia geritten. Seine Gruppe bestand aus drei Begleitern, drei Pferden und einem Esel. Es war im letzten Winter.

Ihr erinnert euch: Bis in die Ebene von Damaskus hatte es geschneit. Die Trampelpfade über das Gebirge waren glatt und rutschig. Ismael zog, wie gesagt, mit drei Begleitern, drei Pferden und einem Esel los.
Nach einer Woche kam er ganz allein auf seinem Esel reitend in Antiochia an. Seine drei Begleiter waren mit ihren Pferden auf dem Gebirgspfad abgerutscht und in die Tiefe gestürzt. Der Mann war völlig erschöpft und hatte sein ganzes Vermögen verloren. Ohne seinen Esel wäre mein Freund Ismael im Gebirge abgestürzt oder jämmerlich erfroren. Sein Esel hatte ihn sicher über die schmalen rutschigen Pfade getragen und nachts gewärmt.«
»Auf deinen Esel«, sagte ein alter Mann, der mit am Feuer saß, »kannst du dich verlassen. Der hält durch. Der trägt dich sicher über die gefährlichsten Berge und durch die dunkelsten Täler.«
Diese Geschichte habe ich mir gut gemerkt und mich oft an sie erinnert. Wer so stolz dahertrabt, rutscht leicht aus, dachte ich oft, wenn das Pferd an mir vorbeigaloppierte.
Mir kamen ähnliche Erlebnisse in den Sinn. Wenn es im Sommer elend heiß war, die Pferde nach Luft japsten, dann hieß es oft: Nimm den Esel, der verträgt die Hitze. Oder im Winter: Am sichersten reitest du auf deinem Esel.
Ach so, ja, ich wollte mich doch noch vorstellen. Also ich bin die Eselin des Zadok. Die Menschen nennen mich einfach Ibrahim, Esel des Zadok. Ich verstehe zwar wenig von der Menschensprache. Mir ist nur aufgefallen, dass die Menschen meistens »man« oder »er« sagen, so als gäbe es nur Männer. Na ja, ich habe mich daran gewöhnt, »der Esel« genannt zu werden. Zadok ist übrigens der Besitzer der kleinen Gaststätte in Bethphage, dem Dorf am Ölberg, nahe bei Jerusalem.
Geboren bin ich wie Jeschu im Stall. Von diesem Jeschu oder Jesus, wie einige sagen, erzählen die Gäste in unserem Haus

schon seit Monaten. Jeschu, der Gottesmann, so nennen ihn die einen voller Ehrfurcht. Schmarotzer sagen andere. Ich weiß nicht, was ein Schmarotzer ist. Aber gut klingt das nicht in meinen Eselsohren.

Als ich gerade vier Wochen alt war, hat mir Jakob, der Sohn des Zadok, einen schweren Gerstensack aufgeladen. Fast wäre ich darunter zusammengebrochen, hätte ich nicht beide Beine fest zusammengestemmt. »Noch ein bisschen zu schwer«, rief Simon, der Stallknecht. »Warte, der muss noch genug Säcke und Kisten schleppen.« Wie Recht Simon hatte. Oft haben sie zwei, drei Säcke auf meinen Rücken geladen. Getreten, geschlagen, getrieben haben sie mich.

Ja, stimmt. Ich bleibe manchmal mitten auf dem Weg stehen. Ich werde dann stur und bockig, sagen die Menschen. Typisch für euch Menschen. Was ihr bei euch selbst nicht seht, beobachtet ihr bei anderen.

Ich bleibe manchmal stehen und kämpfe mit mir selbst. Soll ich noch einen einzigen Schritt tun für diesen Grobian? Die schweren Mehlsäcke noch einen einzigen Meter weiterschleppen? Mir fällt dann bald ein, dass es für mich gar keine andere Möglichkeit gibt. Dann gehe ich geduldig, geduldig wie ein Esel, weiter.

Ab und zu bleibe ich stehen und schaue mir die schöne Landschaft an oder eine Blume, die am Wegrand blüht. Die Menschen haben es immer eilig. Sie treiben mich, als würden sie selbst getrieben. Versteht ihr, am Sabbat, wenn ich ausschlafen darf, träume ich oft von einem Land, in dem Menschen und Tiere wie Freunde miteinander leben. Und – ganz merkwürdig – schon fünfmal habe ich geträumt frei zu sein, wie ein Wildesel.

Den Traum von einer Welt, in der die Arbeit gerecht verteilt ist, habe ich am nächsten Morgen dem Pferd erzählt. Es hatte mich so vertrauensvoll gefragt, ob ich gut geschlafen hätte. Abends hat es sich bei den Hühnern und Gänsen über mich

lustig gemacht und von dem träumenden Esel gewiehert. Das tut weh, wenn du einem Vertrauen schenkst, und der nutzt es gegen dich aus, erzählt alles weiter und versucht dich lächerlich zu machen.
Schon wieder bin ich am Grübeln. Ich wollte euch doch von dem größten Tag in meinem Leben erzählen.
Also, der begann so: Erschrocken wachte ich auf. Zadok, mein Herr, schnaubte vor Wut, als er den Stall betrat: »Immer unverschämter, dieser Jesus. Letzte Woche hat er mit all seinen Freunden, auch Frauen waren dabei, bei mir umsonst übernachtet und gegessen. Jetzt verlangt er auch noch ein Reittier von mir. Gott sei Dank begnügt er sich mit dem Esel. Da, nehmt das Miststück.« Zadok band mich los, gab mir einen Tritt und lachte höhnisch: »Das alte Biest wird sowieso immer lahmer«, rief er mir nach und knallte die Stalltür zu. Ich hörte noch, wie Zadok sich im Stall auf die Schenkel schlug und lachend zu den Knechten brüllte: »Stellt euch vor, der große Meister Jeschu auf dem bockigen Esel!« Ihr Lachen dröhnte weit über den Hof.
Johannes und Andreas, so nannten sich die beiden jungen Männer, die mich abholten, waren sehr lieb zur mir. Sie führten mich zu Jeschu. Der legte seinen Arm um meinen Hals und fragte: »Schwester Eselin, trägst du mich nach Jerusalem? Du siehst, ich bin schwer, und es geht den Berg hoch.«
Noch nie in meinem Leben hat mich einer gefragt: Trägst du mich? Dann ließ Jeschu mir Hafer und frisches Wasser bringen. »Wer zu den Tieren nicht gut ist, ist auch zu den Menschen nicht gut«, sagte er und kraulte mein Fell. »Ihr müsst den Tieren eure Güte geben«, rief Jeschu den Frauen und Männern zu, die um uns herumstanden. Und er wiederholte einen weisen Satz: *»Der Gerechte erbarmt sich seiner Tiere im Stall. Aber das Herz der Gottlosen ist unbarmherzig.«* (Sprüche 12,10)
Kurz nach Bethphage sah ich Jeppel, den Eselsmann; unter

dem Feigenbaum lag er und schlief. Ich rannte auf ihn los. Jeschu begriff sofort, schwang sich mit einem Satz von meinem Rücken und ließ mich quer über das Feld zu Jeppel springen. »Lass sie laufen«, rief er seinen Leuten zu, legte sich ins Gras unter den Olivenbaum und wartete.
Als ich zurückkam, war er eingeschlafen. Ich gab ihm einen Eselskuss und schleckte ihm das Gesicht. Er wachte erschrocken auf, verzog sein Gesicht und wischte es mit dem Ärmel trocken. Komisch, dachte ich, dass Menschenmänner keinen Eselskuss mögen. Da sind die Eselsmänner doch ganz anders.
Je näher wir Jerusalem kamen, desto schwerer wurde Jesus. Oder bildete ich mir das nur ein?
Fast wäre ich einer alten Frau auf die Hände getreten. Sie legte ihren Mantel auf die Straße. Viele zogen ihre Jacken und Mäntel aus und breiteten sie wie einen Teppich auf der Straße aus. Merkwürdig, dachte ich. Kleider der Armen, abgetragen, aber sauber gewaschen. Ich zögerte einen Augenblick, darüber zu laufen. Jeschu ermunterte mich. »Lauf nur zu«, rief er. Manche Menschen brachen Zweige von den Bäumen und winkten uns damit zu.
Plötzlich merkte ich, wie ein warmer Tropfen auf mein Ohr fiel. Ich blickte zu ihm hoch: Er weinte. Vor Freude? – Nein, er lachte nicht dabei. Ich verstand das nicht. Die Menschen jubelten ihm zu, und er weinte. Bis ich die Soldaten hinter den jubelnden Menschen entdeckte. Mit finsterem Gesicht beobachteten sie das Geschehen. Noch weiter hinten stand eine andere Gruppe. Es waren lauter Männer mit schönen Kleidern und komischen Hüten auf dem Kopf. Zornig schauten sie drein. Ich blieb wie angewurzelt stehen und stieß einen grellen Schrei aus. Jeschu beruhigte mich. »Lass sie«, sagte er, »sie müssen gehorchen, tun, was der Hauptmann befiehlt. Die anderen, die mit den Hüten, haben sich und den anderen Menschen so strenge Gesetze gegeben, dass das Leben darunter erstickt.«

Ich verstand das nicht. Wie soll ich, die Eselin, die das Leben über alles liebt, das verstehen: Menschen geben sich Gesetze, an denen das Leben erstickt?
»Schwer zu verstehen«, sagte er und streichelte meinen Kopf, als könne er Eselsgedanken lesen. Ich leckte sein Füsse. Das kitzelte ihn, er lachte.
Jetzt winkte er den Kindern zu, die ihm Palmzweige entgegenschwenkten.
Den Korb mit den Äpfeln neben der Frau hatte ich schon von Weitem gerochen. Ich blickte kurz hoch. Jeschu schaute gerade den Kindern zu. Schnell schnappte ich nach dem Korb und erwischte drei saftige Äpfel. Die schmeckten gut! Ich wollte sofort nachfassen, da zog er mich ziemlich unsanft am Zügel. »Halt, liebe Freundin, drei reichen!«, rief er und lenkte mich wieder auf die Mitte der Straße.
Wir ritten auf eine kleine Gruppe zu, die ein Lied sang. Die Kinder klatschten in die Hände und tanzten dabei.
Ein Satz aus ihrem Lied hab ich mir gemerkt, den sangen sie nach jeder Strophe: »Macht hoch die Tür, die Tore macht weit. Der mächtigste König will einziehen.« Ich sah hoch zu Jeschu. Er schmunzelte. Wie ein mächtiger König sah er nun wirklich nicht aus.
Schön war der Gesang. Ich war glücklich und fühlte mich eselswohl. Immer mehr Menschen säumten die Straße und jubelten uns zu. Ich blieb stehen und lauschte den vielen Stimmen. Eine junge Frau neben uns betete. »Danke, guter Gott«, sagte sie. »Danke, endlich wird einer von uns König und hört das Weinen des Volkes.« Sie küsste Jeschu die Füße. Er fasste sie sanft am Arm und richtete sie auf.
»Du bist eine tapfere Frau«, sagte Jeschu zu ihr und gab ihr einen Kuss auf die Stirn. Sie hatte ein schönes Gesicht, aber ihre Hände waren ganz abgeschlafft. *»Es wird nicht dunkel bleiben über denen, die in Angst sind«* (Jes. 8.23), rief er ihr zu und segnete sie.

Dass ich ausgerechnet vor dieser Frau stehen geblieben bin? Merkwürdig. Ich spürte einen sanften Druck weiterzutraben. Ganz am Ende der Straße zog er plötzlich fest am Zügel. Ich blieb stehen. Jeschu stieg ab und bückte sich zu einem kleinen Jungen, der neben seiner Großmutter stand. Er streichelte seinen Wuschelkopf und hob den Jungen auf meinen Rücken. »Lauf ein Stück mit ihm«, rief er mir zu. Es war kein besonders hübsches Kind. Es hatte einen viel zu großen Kopf. Aber es strahlte vor Freude. »Weißt du«, sagte Jeschu zu dem Jungen, als er ihn von meinem Rücken hob, »weißt du, dass Gott dich ganz fest lieb hat?« Und Jeschu drückte den Jungen lange und fest an sich. Dann brachte er den Jungen, Benjamin hieß er, zurück zu seiner Oma.

»Gott kommt auf euch zu. Unerkannt und unerwartet, so wie jetzt«, sagte er zu der alten Frau. Dann zeigte Jeschu auf Benjamin. »Erzähl ihm, was du mit Gott erlebt hast, so bleibt Gott unter euch«, sagte er und verbeugte sich tief vor der Frau mit dem schlohweißen Haar und den tiefen Falten im Gesicht.

Was aus mir, der Eselin Ibrahim, geworden ist, fragt ihr?

Andreas wollte mich wieder nach Bethphage zurückbringen. Jeschu schimpfte. »Nein«, sagte er, »bring sie zu Ephraim, dem Korbflechter in Jerusalem. Bei dem hat die Eselin es gut. Körbe sind nicht so schwer wie Mehlsäcke.«

So blieb ich in Jerusalem und bekam von Ephraim das Gnadenbrot.

III. SICH IN GOTT GEBORGEN FÜHLEN

Heimatlosigkeit und Unbehaustsein kennzeichnen das Lebensgefühl vieler Menschen. Diffuse Unruhe und Angst breiten sich aus. Die Sehnsucht nach Geborgenheit wächst. Glauben hat in der Bibel stets die Grundbedeutung von Vertrauen, Sich-geborgen-Wissen in Gott. Alle biblischen Bücher laden dazu ein.

Die in diesem Kapitel vereinten Geschichten erzählen von Menschen, die diese Einladung auf sich beziehen und wie Mose Gott als den erfahren, der ihnen Raum gibt, Geborgenheit schenkt und sie damit tröstet (19). So finden Lahme, Blinde, Ausgegrenzte und Ausgestoßene Platz am Tisch im Reiche Gottes (20). Ebenso tief berührt uns jenes Bild des Propheten: Gott hat uns in seine Hände geschrieben. Bei allem, was er tut, hat er unser Heil im Auge (21). Wie menschlich Gott uns Geborgenheit erfahren lässt, davon erzählt die Geschichte: »Groß nahe, danke!« (22)

Tiefe Geborgenheit in Gott ist weder eine fromme Idylle noch ein Rückzug in die Innerlichkeit. Der Geist Gottes ermutigt und ermächtigt Menschen zur Auseinandersetzung mit den Mächten und Stimmen, die von außen und innen kommen und durch Angst, Zweifel, Anfechtung und Einschüchterung den Raum der Geborgenheit zerstören wollen. Davon erzählen die Geschichten 23–28, mit den beiden Pfingstgeschichten (26+27) in der Mitte. Dass Kranksein nicht nur in tiefe Krisen führt, sondern auch als Chance erlebt werden kann, kommt in den Texten 23–25 zum Ausdruck. Auch Apostel sind durch tiefe Krisen gegangen (28), und viele Ängste bei Kindern sind in der Regel mit bestimmten Lebenserfahrungen verbunden

(29). Die beiden letzten Texte sind Weihnachtsgeschichten. Sie erzählen von der Flucht nach Ägypten und der Tochter des Gastwirts von Bethlehem, die das Jesuskind in die Arme nimmt und erkennt: Du bist für mich geboren. Ich bin gesegnet (30+31).

19. Es ist Raum neben mir

(2. Mose 33, 18–23)

Poing, poing, poing.
Langsam und gleichmäßig fallen die Tropfen von der Decke. Wie die Töne einer Mundorgel, denkst du. Beruhigend wirken sie. Du befühlst die kalte Felswand und lehnst dich an. Eng ist sie, die Klamm, deine Felsnische. Aber irgendwie fühlst du dich sicher in deinem Zelt aus Stein. Nein, du weißt nicht mehr, warum sie dich so angezogen hat, diese kalte Felsenhöhle. Du schließt die Augen, um dich zu erinnern. Schnell, erstaunlich schnell kommen Bilder in dir hoch: Du siehst dich am Strand, an deinem Stammplatz in der kleinen Sandbucht. Du beobachtest dich, wie du mitten in der Löwenzahnwiese sitzt – und kurz darauf liegst du zusammengerollt wie ein kleines Kind in deinem Bett. Ein wenig später räkelst du dich in deinem Lieblingssessel. Merkwürdig, jeder Rückzugsort ist mit einer bestimmten Erfahrung verbunden: mit dem frühen Tod deines Vaters, der Geburt des ersten Kindes, dem Verlust des Arbeitsplatzes, der Erkenntnis schwer krank zu sein, dem Gespräch mit einem Freund. Lebensabschnitte, die sich setzen mussten, denkst du, und dieser Gedanke stimmt dich heiter.
Es sind verschiedene Plätze, an die du dich erinnerst, aber es ist doch ein und derselbe Ort, an den du dich zurückziehst, wenn du nicht mehr klarkommst, wenn du in der Klemme bist. Es ist deine Klemme, deine Höhle, dein innerer Ruheraum. Ja, du spürst das bis in deinen Körper hinein. Dein Herz, dein Magen, dein Kopf, alle rufen: Jetzt ist es Zeit, höchste Zeit für den Rückzug.

O ja, oft verpasst du die Zeit, überhörst die warnenden Signale aus deinem Körper. Die innere Unruhe wächst. Du beginnst zu rotieren, suchst, was vor deiner Nase liegt, gehst in den Keller und weißt nicht mehr, was du holen wolltest, schreibst einen Brief und bleibst mitten im Satz stecken. Abends bist du todmüde, kannst aber trotzdem nicht einschlafen. Vieles hast du getan und nichts zu Ende gebracht.

Diesmal, das wird dir immer klarer, diesmal konntest du nicht mehr. Du musstest aufhören, dich in deine Höhle zurückziehen. Ja, du warst reif für die Höhle auf dem Berg. Es war zu viel in letzter Zeit. Wenn du mittendrin steckst, merkst du es nicht. Aber danach spürst du, wieviel Kraft du in deine Arbeit gesteckt und dabei verloren hast.

Fragen werden laut. Sie klopfen an die Wände deiner Höhle. Ihr Pochen wird lauter und schneller. Sie lassen sich nicht mehr übertönen: War es nicht dumm, sich für einen Menschen so eindeutig einzusetzen und Partei für ihn zu ergreifen? Hast du dich zu weit aus dem Fenster gelehnt? Wäre es nicht besser gewesen den Mund zu halten? Wegzusehen, die Ohren zu verschließen, wenn Unrecht geschieht, Menschen gedemütigt werden?

Warum musstest du dich einmischen? Und, bringt es nicht doch nur Leid und Ärger, wenn du dich mit den Schwächsten identifizierst? Stromlinienförmig kämst du leichter durchs Leben! Unwillkürlich ziehst du die Schultern zusammen und erschrickst über die dunklen Löcher in deiner Geschichte, die jetzt wie in einem Film sichtbar werden. Du hörst die Stimme deines Freundes, der dich gerufen hat. Du aber hattest keine Zeit. Da liegt der unbeantwortete Brief . . . Die schwer kranke Nachbarin, sie wartete vergeblich auf einen Besuch.

Du hörst deine nicht eingelösten Versprechen.

»Du hättest, du solltest, du müsstest!« Mit beiden Händen fährst du dir durch die Haare. »Nein«, rufst du, »es reicht.« Das Geschehene kann ich nicht verändern. Vergangenes nicht mehr zurückholen. Wieder streifst du dir mit beiden Hän-

den über den Kopf, öffnest die Augen und bist hellwach. Dir wird klar, der Blick zurück rotiert im Kreis. Du brauchst jetzt keine Erklärung für das, was war oder hätte sein müssen. Du brauchst jetzt Gewissheit, wie es mit dir weitergehen soll.
»Ich«, rufst du aus deiner Höhle, »ich will wissen, woran ich bin. Welchen Weg ich gehen soll.«
Du weißt genau, all deine Fragen richten sich an den einen, den großen geheimnisvollen Gott:
»Wem ich gnädig bin, dem bin ich gnädig, und wessen ich mich erbarme, dessen erbarme ich mich.« So stellst du, Gott, dich selbst vor. Ich nehme dich beim Wort, barmherziger Gott. Erweise dich gnädig! Erfülle meinen Wunsch: Lass mich deine Herrlichkeit sehen! Lass dir ein einziges Mal in die Augen schauen, so, dass ich mich in deinen Augen spiegeln kann.
Ich möchte in ihnen lesen, wie du zu mir stehst, wie ich mein Kranksein verstehen soll, den frühen Tod meines Vaters, den Tod der fünf jungen Leute, die im Auto verbrannten.
Schenk mir Klarheit durch dein Licht, Gewissheit durch deinen Anblick. Überzeuge mich von deiner Vollmacht. Du Macht des Lebens, Grund allen Seins, zeig dich mir! Lass mich deine Herrlichkeit, deine Schönheit, dein Gesicht sehen! Jetzt! Heute!
Ja, du bist dir sicher. Immer war es diese eine Frage und Bitte: Lass mich dir in die Augen schauen und klar erkennen, ob es sich lohnt zu leben für mich, für uns. Ob es eine letzte Gewissheit, einen Sinn gibt.
An allen Kreuzungen und Wendepunkten, in allen deinen Höhlen und Nischen, immer war es diese eine Frage, die du bisher nie auszusprechen gewagt hast.
Und nun, nachdem du sie ausgesprochen hast, erschrickst du über dich selbst. Darf ein Mensch Gott so herausfordern? So bedrängend fragen? Ist es nicht vermessen, so mit Gott zu reden, so zu beten?

Ja, du hast ein Recht so zu fragen. Oder vielmehr: Es hat aus dir so herausgefragt. Es ist die Urfrage des Menschen, die jede und jeder früher oder später stellt. Und du weißt, sie musste gestellt werden, oder du wärst an ihr erstickt.
Merkwürdig. Du hörst jetzt, was er kurz vorher zu dir gesagt, wie er deinen Namen gerufen hat: »Siehe, es ist Raum neben mir. Raum für dich.«
Dieser Ruf Gottes rührt dich an. Er berührt dich bis ins Innerste. Siehe, es ist Raum neben mir. Raum für dich. Für dich mit deinen Fragen, deiner Sehnsucht, deiner Angst. Raum für dich mit deinem Wunsch nach Sicherheit und Eindeutigkeit.
Und es ist dir so, als halte Gott selbst schützend seine Hand über dich in deiner Höhle.
Unter diesem Schutz wächst die Einsicht, die traurig macht und auch tröstet: Du wirst Gott gegenüber immer das Nachsehen haben. Und: Dir sind Grenzen gesetzt, unüberschreitbare Grenzen. Diesen Grenzen verdankst du dein Leben, verdanken alle Menschen ihr Leben.

Lass mich deine Schönheit sehen! Du trittst aus der Felsspalte, aus deiner Klamm hinaus, wagst den ersten Schritt ins Freie, schaust im Tal unten dem zurückweichenden Nebel nach und ahnst: Die Welt und das Leben in ihr sind unglaublich schön. So gehst du weiter, Schritt für Schritt und bist dir sicher: Gott ist vorübergegangen, und du kannst nur nachsehend hinter ihm hergehen, ihm nachfolgen. Er ist kein Garant ewiger Sicherheiten, sondern lockt dich hinaus ins Weite. Er traut und mutet dir zu, dich auf den Weg zu machen, dich neuen Unsicherheiten auszusetzen, auf neue Wagnisse einzulassen und dich darin zu bewähren.

So steigst du vom Berg hinab ins Tal. Unten wartet sorgenvoll deine Frau auf dich. Ihr nehmt einander lange in die Arme und versucht zusammen das Erlebte zu verstehen. Sie nickt. »Nicht Sicherheit, sondern Vertrauen baut Ängste ab«, sagt sie und bürstet den Staub aus deinem Mantel.

20. Du bist auch eingeladen
(Lukas 14, 16–24)

Er machte einen weiten Bogen um mich. Ja, es war ein Er, ein Mann, ich hörte das an seinen Schritten. Ich könnte euch auch genau den Bogen, den er um mich machte, beschreiben, obwohl ich blind bin. Die meisten Menschen machen einen Bogen um mich. Nur einige Frauen und Kinder kommen in meine Nähe, geben mir eine milde Gabe oder reichen mir etwas zum Essen.
Merkwürdig, nach kurzer Zeit kehrte er zurück, ich hörte seine Schritte wieder. Er kam von hinten auf mich zu. Jetzt hörte ich auch seine Stimme. »Kommt«, rief er, »kommt mit, es ist noch Platz.«
Als zwei an mir vorbeigingen, erkannte ich die beiden an ihren Schritten: Perez war es und seine Freundin, die rothaarige Elisabeth, wie sie alle nannten. Was rot ist, weiß ich nicht, aber irgendwie müssen Frauen mit roten Haaren besonders interessant sein.
»Irrst du dich nicht?«, fragte Perez im Vorbeigehen. »Bist du sicher, dass wir auch kommen sollen?«
»Beeilt euch«, antwortete der Mann, »das Festessen soll bald beginnen.«
Komisch, dachte ich, sind die beiden irgendwo eingeladen? Die zwei?
Etwa eine Viertelstunde später – ich erkannte ihn sofort an seinen Schritten wieder – kam der Herr zurück. Wieder machte er einen Bogen, diesmal nicht ganz so weit. Na ja, dachte ich, mich, den Blinden mit den von Fliegen zerstochenen Armen und Beinen, mich wird er bestimmt nicht ansprechen. Als er zurückkam, blieb er vor mir stehen. »Nehmt ihn auch mit«, sagte er zu seinen Begleitern. Ich konnte die beiden anderen nicht an ihrer Stimme erkennen. Sie waren fremd hier. Einer griff mir helfend unter die Arme. Ich befühlte seine Hand. Sie

war ganz verkrüppelt. Und der Kerl stank! Na ja, dachte ich, wie soll er sich waschen mit den verkrüppelten Händen? Ich wusste gar nicht, was mit mir geschah und ließ mich einfach mitziehen.

Ich riss mich los. Ein betörender Duft nach feinem Braten, nach Soßen, nach frischen Bohnen, nach . . . Oh, ich kann den Duft nicht beschreiben. Nein, mich brauchte keiner mehr zu führen, ich folgte einfach den Gerüchen.

An der Tür nahm jemand – am Körperduft und an den zarten Händen erkannte ich sofort, dass es eine Frau war – meine Hände und Füße und wusch sie. Das tat vielleicht gut! Dann führte sie mich an die Festtafel. Ganz vorsichtig tastete ich meinen Platz ab. Eine Tischdecke, sage ich euch! So einen feinen Stoff habe ich noch nie in der Hand gehabt. Und auch die Tischdecke duftete . . .

»Ihr seid meine Gäste, lasst es euch schmecken!«, rief jemand in die Runde. Dann merkte ich, wie sich rechts und links neben mir die Gäste bewegten, erst ganz langsam, und wie sie miteinander murmelten und dann immer lauter sprachen. Mein Herz klopfte bis zum Hals. Plötzlich überfiel mich die Angst, die anderen könnten mir alles vor der Nase wegschnappen. An der Stimme erkannte ich, dass wohl rechts neben mir die rote Elisabeth saß. Was hatte ich von dieser Frau schon alles gehört! »Komm«, sagte sie zu mir und führte meine Hand zu der Platte mit den Lammkeulen. »Nimm, es ist genug da, so viel können wir alle miteinander niemals aufessen.« Sie schöpfte mir auch von den Bohnen, der Soße. Sie war überhaupt unglaublich lieb zu mir. Ich kam mir vor wie im Traum.

Blinde, so denken manche, kriegen nicht viel vom Leben mit. Oh je, ich kann euch gar nicht sagen, was ich schon alles gehört habe. Das Schmatzen wurde immer lauter. Ganz zu schweigen von den anderen Tönen. Und immer wieder dazwischen: »Kaum zu glauben, ich kann es gar nicht fassen«,

oder: »Ich muss mich manchmal kneifen, um zu spüren, dass ich wirklich hier sitze!«
Na ja, es gab auch ganz andere Flüstertöne: »Den fressen wir blank«, oder: »Ich bleibe, bis alle Schüsseln leer sind.«
Die vielen Speisen, soll ich sie euch aufzählen? Lieber nicht, sonst läuft euch nur das Wasser im Mund zusammen! Ein Festessen, wie es im Buche steht . . .
Ich weiss gar nicht, wo die anderen alles hingesteckt haben. Der links neben mir, mit dem Namen Sebulon hatte er sich vorgestellt, ja Sebulon fing immer wieder an zu essen. Und dem Geruch der Speisen nach aß er alles durcheinander. Melonen und Fisch, Gemüse und Quarkspeise.
Plötzlich wurde es ganz still. »Perez will ein Gedicht vortragen«, flüsterte mir Elisabeth zu.
Die Stimme erklang: »Gast sein einmal. Nicht immer selbst seine Wünsche bewirten mit kärglicher Kost. Nicht immer feindlich nach allem fassen; einmal sich alles geschehen lassen und wissen: was geschieht, ist gut.« (Rainer Maria Rilke, Die Weise von Liebe und Tod des Cornets Christoph Rilke)
Perez wollte noch etwas hinzufügen, aber das ging in lautem Beifall unter. Sie klatschten, sie stampften mit den Füßen, trommelten mit den Fäusten auf den Tisch, sie kreischten und schrien vor Begeisterung. Der ganze Festsaal dröhnte. Wie und wann ich nach Hause gekommen bin, weiß ich nicht mehr. Ich glaube, ich hatte auch zu viel von dem guten Wein getrunken. Wann habe ich das letzte Mal Wein getrunken, ich, der ich froh und dankbar bin für einen Becher voll frischem Wasser?
So muss es im Himmel sein, dachte ich immer wieder. Und merkwürdig, seit jenem Festessen wuchs in mir die tiefe Zuversicht, dass ich auch dazugehöre, auch ich werde einmal ins Reich Gottes kommen, Gast im Reiche Gottes sein.
Lange haben wir von diesem Festessen gesprochen. Ja, da war eine heimliche Freude. Ich sagte es schon: Es war die

Freude dazuzugehören. Und, das möchte ich nicht verschweigen, auch Traurigkeit mischte sich in die Freude. Ich hatte gehört, dass die anderen, der Großbauer Jonas, der Goldhändler Elias, dass sie auch eingeladen waren, sich aber entschuldigt hatten. Ich habe mich gefragt, wenn sie alle gekommen wären, hätte ich dann noch Platz gehabt?
So ist das oft bei mir. Wenn ich etwas Schönes erlebe, kommen mir Zweifel, ob ich es überhaupt verdient habe. Oder ob nicht . . . Dennoch, wenn ich an das Festmahl denke, war es wie im Reich Gottes.
Eines habe ich mir seitdem gesagt: Du bist blind, ja. Aber du gehörst dazu. Und du bist eingeladen dich zu freuen, trotz allem! Denn mit den Zweifeln an dir selbst hinderst du dich daran zu leben, dich heute zu freuen.

21. In die Hände habe ich dich geschrieben
(Jesaja 49, 13–16)

Ja, das war oft so. Er, den wir nicht einmal mit Namen kennen, jener Unbekannte, den sie alle ehrfürchtig den Propheten nannten, kam oft voller Zuversicht und Hoffnung in die Runde der Freunde. Und dann brachten sie ihn mit wenigen Sätzen wieder auf den Boden der Realität.
Ja, sie nannten ihre tiefe Hoffnungslosigkeit Realität, Wirklichkeit, genährt von alltäglicher bitterer Erfahrung. Singend kam der Prophet an diesem Tag zu seinen Freunden: »Jauchzet ihr Himmel, freue dich Erde! Lobet, ihr Berge mit Jauchzen! Denn der Herr hat sein Volk getröstet und erbarmt sich der Elenden.«
Nein, diesmal trat ihm nicht sein eigener überaus kritischer Schüler Jonathan entgegen, diesmal stand der alte Ephraim auf und sagte: »Der Herr hat mich verlassen. Der Herr hat mich vergessen.« Dabei streckte er dem Propheten beide Hände entgegen. »Hier«, er deutete auf die Narben in seinen Händen. »Ich habe vergeblich versucht, die brennenden Balken, unter denen meine Kinder lagen, wegzuschaffen. Beide sind darunter erstickt. Wenn du wissen willst, mit wem du es zu tun hast, schau dir die Hände an«, fügte der alte Ephraim hinzu. »Die Hände erzählen dir mehr als das Gesicht.«
Während Ephraim noch immer seine beiden Hände dem Propheten entgegenstreckte, sahen seine Augen weit über ihn hinweg. »Was mir meine Mutter gesagt hat, ist nur die halbe Wahrheit: Leiden macht stark und läutert dich. Diesen Satz hat sie uns Kindern gleichsam ins Herz geschrieben. Doch das«, so wiederholte Ephraim mit fester Stimme, »das ist nur die halbe Wahrheit. Die andere Hälfte heißt: Leiden macht das Herz hart, so hart, dass jeder Trost abprallt, wie ein Gegenstand von einem Felsen. Ja, hart und kalt macht dich das Leiden.«

Als sei er von sehr weit her zurückgekehrt, wandte sich Ephraim wieder dem Propheten zu, legte ihm die Hand auf die Schulter und sagte: »Könnte es sein, dass du dich weigerst die Wirklichkeit zu sehen? Gott hat uns verlassen, der Herr hat uns vergessen! Lass doch endlich diese bittere Wahrheit zu! Jerusalem ist zerstört. Der Tempel ein Trümmerhaufen. Und wir seit Jahren in babylonischer Gefangenschaft.«
Da war es wieder, dieses Gefühl der Ohnmacht. Diese Hilflosigkeit. Der Herr hat mich verlassen. Er hat uns vergessen. Wie weggewischt war alles, was er an Trost zu bieten hatte. Er spürte: Ephraim ist mit dieser Meinung nicht allein. Sie denken alle so.
Mit der Hand des Freundes auf seiner Schulter war er immer mehr in sich zusammengesunken. Den Kopf in beide Hände gestützt, saß der Prophet da und schwieg. »Nein«, rief er plötzlich und schaute auf. Doch die Freunde wichen seinem Blick aus. »Kann eine Frau ihr Kindlein vergessen?« Die Frage verhallte ohne Antwort im Raum und der Prophet fügte leise hinzu: »Ja, sie mag ihr Kind vergessen, aber Gott vergisst uns nicht.« Wieder stützte er den Kopf in beide Hände und atmete tief durch. Dann nahm er die Hände als Kopfstütze weg, formte sie zu einer Schale und legte sie auf den Tisch. Den Kopf hob er ein wenig in die Höhe, so, wie wenn einer die Ohren spitzt. Lange blieb er so sitzen. Dann begannen seine Hände zu zittern. Das Zittern der Hände ergriff bald den ganzen Körper. Aber merkwürdig, seine Stimme klang ganz ruhig: »So spricht Gott: Siehe!« Der Prophet stockte. »Siehe«, wiederholte er und streckte dabei den Freunden seine Hände entgegen. »Siehe, in die Hände habe ich dich geschrieben«, wiederholte der Prophet und schaute jeden an. Dann formte er seine Hände wieder zur Schale, hielt sie dicht vor die Augen, als lese er in ihnen: »Siehe, in die Hände habe ich dich geschrieben.« Dann wartete er, bis sich das Zittern in seinen Händen gelegt hatte. »Es gibt eine Wirklichkeit,

in der alles, was euch bedrückt, aufgehoben ist!«, sagte er, nahm seinen Stab und verließ den Raum.
Jonathan, der Prophetenschüler, saß wie gebannt da. So hatte noch niemand von Gott gesprochen. So körperlich, so menschlich, so überzeugend.
Als Jonathan nach Hause ging, stand für ihn fest: Es darf nicht vergessen werden, dieses Wort. Es ist ein kraftvolles Bild gegen die Verzweiflung. Und Jonathan begann aufzuschreiben:
»So spricht Gott: Siehe, in die Hände habe ich dich geschrieben.«
Und während er schrieb, wurde ihm plötzlich klar: Du musst alles aufschreiben. Alles, was der Prophet gesagt hat und noch sagen wird, seine Botschaft darf nicht vergessen werden.

22. Groß nahe, danke!

(Römer 5, 1–5)

Jeden Sonntagmorgen traf sich die Hausgemeinde in der schönen Villa am Ufer des Tiber. Claudia, die Gastgeberin, hatte ihr Haus geschmückt, den Gottesdienstraum mit Kerzen beleuchtet. Auf dem Tisch standen frische Blumen. Nein, Claudia war keine gebürtige Römerin. An ihrer Hautfarbe und den pechschwarzen Haaren konnte man sie leicht als Ägypterin erkennen. Mit zehn Jahren war sie von einem römischen Hauptmann als Sklavin gekauft und dann später mit nach Rom genommen worden. Auf ihrer Stirn konnte man noch die Narben des eingebrannten Sklavenzeichens erkennen. Als sie zwölf Jahre alt war, hatte sie einen Fluchtversuch unternommen, war eingefangen worden, und damals hatte man ihr das S, »serva«, das Sklavenzeichen mit einem glühenden Eisen auf die Stirn gebrannt. Zum Glück, oder besser gesagt wohl aus Mitleid, hatte der Mann das brennende Eisen nicht so fest in ihre Stirn gedrückt, um das hübsche Gesicht nicht zu entstellen.
Ja, auch heute noch hatte die sechzigjährige Claudia ein schönes Gesicht, das eine tiefe Ruhe ausstrahlte.
Montags bis samstags verwandelte Claudia ihre Villa in ein Schulhaus für Sklaven- und Straßenkinder, die sie zusammen mit einigen Freundinnen unterrichtete. Sonntags war ihr Haus eine Kirche.
Wie so oft wurde an diesem Sonntagmorgen ein Text aus dem Brief des Apostels Paulus an die Gemeinden in Rom verlesen. Sie lasen diesen Brief, den Paulus 23 Jahre zuvor geschrieben hatte, immer wieder abschnittweise vor und sprachen darüber. Heute war es der Text aus dem 5. Kapitel, die Verse 1–5:
»Da wir nun gerecht geworden sind durch den Glauben, haben wir Frieden mit Gott durch unsern Herrn Jesus Christus;

durch ihn haben wir auch den Zugang im Glauben zu dieser Gnade, in der wir stehen, und rühmen uns der Hoffnung der zukünftigen Herrlichkeit, die Gott geben wird. Nicht allein aber das, sondern wir rühmen uns auch der Trübsale, weil wir wissen, dass Trübsal Geduld bringt, Geduld aber Bewährung, Bewährung aber Hoffnung. Hoffnung aber lässt nicht zu Schanden werden; denn die Liebe Gottes ist ausgegossen in unsere Herzen durch den heiligen Geist, der uns gegeben ist.«

Gaius, der sonst immer als Erster das Wort ergriff, sagte nach langem Schweigen ganz leise: »Mir fällt zu diesem schweren Text nichts ein.«

Als wäre sie ganz in sich versunken, saß Claudia da. Sie hatte den Kopf in beide Hände gestützt, als seien ihre Gedanken zu schwer. Dann erhob sie sich, schüttelte den Kopf und sagte: »Nein, das stimmt so nicht. Trübsal bringt nicht Geduld und Bewährung.« Wieder stützte sie ihren Kopf in die Hände und schwieg.

»Als ich«, begann sie dann mit leiser Stimme, »als ich mit zehn Jahren von meinem Onkel – meine Eltern habe ich nie gekannt – als Sklavin verkauft und später nach Rom verschleppt wurde, habe ich manch späte Nacht hier am Ufer des Tiber gesessen und mir gewünscht in seinen Fluten Ruhe zu finden.« Plötzlich hob sie den Kopf und sah die anderen Gottesdienstbesucher fragend an: »Kennt ihr die Trübsal?« Claudia atmete tief durch. »Trübsal, das ist, wenn du als Mensch deiner Freiheit und deiner Würde beraubt bist. Einmal«, sagte Claudia und alle spürten die Wut in ihrer Stimme, »einmal war ich die Geliebte meines Herrn, am nächsten Tag hat er nach mir getreten und mich angespuckt. Wenn du in deiner Trübsal, in deinem Leiden keinen Sinn erkennnen kannst, drückt sie dir ganz langsam die Luft ab und du erstickst. Als ich ein Kind erwartete, ließ mich mein Herr auspeitschen und behauptete, ich hätte mich mit einem andern Sklaven seines Hauses eingelassen.

Dabei wusste er genau, dass das Kind von ihm, meinem Herrn, war. Nach der Geburt wurde mir mein Kind sofort weggenommen und ich wurde auf dem Sklavenmarkt erneut verkauft. Mein Kind, es war ein Sohn, habe ich nie wieder gesehen. Hätte mir damals einer einen solchen Satz vorgelesen wie den des Paulus: Wir rühmen uns der Trübsale, weil wir wissen, dass Trübsale Geduld bringen – ich glaube, ich hätte ihm ins Gesicht geschlagen. Es gibt Trübsale, die verschlagen dir die Sprache. Nicht einmal die Tränen bringen Erleichterung. In Rom wurde ich, die Älteren unter uns erinnern sich noch daran, von Lucius, dem verstorbenen Gründer unserer Gemeinde, gekauft. Lucius war als Tuchhändler ein sehr wohlhabender Mann. Bei ihm und seiner Frau, die fleißig im Geschäft mitarbeitete, bei ihnen habe ich zum ersten Mal von Jesus gehört. Lucius und seine Frau gehörten ja bekanntlich zu den ersten Christen in Rom.
Die Geschichten von Jesus waren spannend. Aber noch viel spannender war zu beobachten, wie Lucius und seine Frau lebten. Zu mir waren beide – und das hat mich am Anfang sehr verunsichert – beide waren zu mir wie zu ihrer Tochter, sie behandelten mich von Anfang an wie ihre eigene Tochter. Nein, sie hatten keine leibliche Tochter. Nur einen Sohn, den Markus. Markus war damals elf Jahre alt. Er war blind, halbseitig gelähmt und geistig behindert. Von Markus habe ich am allermeisten gelernt, was Christsein heißt. Markus konnte nur sehr mühsam sprechen. Er war eigentlich der Unglücklichste, aber er wusste sich getragen von der Liebe seiner Eltern und war ein glücklicher Mensch.
Ich erinnere mich noch genau, es war ein grauer, verregneter Novembertag. ›Heute können wir beide nicht nach draußen. Die Sonne ist hinter dicken Regenwolken verborgen‹, sagte ich. ›Macht nichts‹, antwortete er, ›ich kann sie draußen auch nicht sehen. Aber wenn du mit mir redest, wird es hell.‹
Ein anderes Mal, ich erinnere mich noch wie heute, kam ich

gerade vom Gemüsemarkt nach Hause und war innerlich ziemlich aufgewühlt. Auf dem Marktplatz hatte ich eine Mutter mit ihrem vierjährigen Sohn beobachtet und plötzlich war da der Gedanke: So alt wäre dein Sohn jetzt. Ich musste mit den Tränen kämpfen und rannte nach Hause. Markus wartete schon auf mich. Ich setzte mich zu ihm und begann die Geschichte vom Vortag weiterzuerzählen. Dabei – ich konnte nicht anders – liefen mir die Tränen über die Wangen. Er sieht sie ja nicht, dachte ich.
Auf einmal unterbrach er mich: ›Nichts mehr sagen‹, flüsterte er, tastete mit seinem Taschentuch nach meinem Gesicht und wischte mir die Tränen ab. Dann hielt er meine Hand ganz fest. Zum ersten Mal in meinem Leben habe ich gespürt: Ich werde gehalten. Und ich konnte meinen Tränen freien Lauf lassen. Alles kam in mir hoch, meine ganze Traurigkeit. Ich glaube, ich habe damals einen richtigen Weinkrampf bekommen. Markus hat nichts gesagt, nur meine Hand ganz fest gehalten.
Gehalten werden in deiner Traurigkeit, ich glaube, das meint Paulus, wenn er vom Frieden mit Gott spricht. Frieden mit Gott«, sagte Claudia ganz leise, »du findest ihn da, wo du dich ausweinen kannst. Als ich mich an jenem Tag von Markus verabschiedete, sagte er: ›Groß nahe, danke.‹ Er wollte wohl sagen: Wir waren uns ganz nahe. Aber hatte er nicht viel mehr gesagt? Groß nahe, das heißt doch: Groß bist du, wenn du Nähe zulässt und schenkst. Wenige Tage vor Markus' Tod«, sagte Claudia, und ihre Stimme hatte wieder den festen, warmen Klang, »wenige Tage vor seinem Tod saßen wir beide zusammen, haben Stimmen nachgeahmt und dabei Tränen gelacht. Ich fühlte mich so befreit, so erleichtert wie nie zuvor in meinem Leben.
›Tief gelacht, schön‹, sagte Markus, als wir miteinander zum Mittagessen gingen. Komisch, dachte ich, warum sagt er tief gelacht? Eigentlich müsste es doch heißen: fest gelacht.

Am Abend vor dem Einschlafen ist mir auf einmal der Gedanke gekommen: Markus hat Recht. Lachen ist tiefer als Weinen.
Ja, Markus ist wenige Tage später gestorben. Als wir seinen Sarg in die Erde legten, musste ich an seine Worte denken: Groß nahe, danke. Ich musste weinen und war doch innerlich ganz fröhlich. Er hat seinen Frieden, dachte ich und verstand nun auch die Worte, die sein Vater am Grab sagte: ›Wir rühmen uns auch der Trübsale, weil wir wissen, dass Trübsal Geduld bringt; Geduld aber bringt Bewährung; Bewährung aber bringt Hoffnung; Hoffnung aber lässt nicht zu Schanden werden, denn die Liebe Gottes ist ausgegossen in unser Herz durch den Heiligen Geist, welcher uns gegeben ist.‹ Dann drehte sich Markus' Vater zu mir um und sagte: ›Gott hat unseren Sohn genommen und uns eine Tochter geschenkt.‹
Und dann, ja, ich kann es mir nicht erklären«, Claudia stockte, »dann war da am Grab von Markus auf einmal der alte Kindheitswunsch, Lehrerin zu werden. Ich hatte ihn total vergessen und wunderte mich darüber, dass er gerade jetzt wach wurde, zumal ich keine Ahnung hatte, wie dieser Traum einmal wahr werden könnte. Ich sah in jenem Augenblick nur, was ich gut konnte: zuhören, Geschichten erzählen, jemandem Mut machen, einem andern etwas erklären . . .
Alle anderen Wünsche, einmal einen reichen Mann zu heiraten, nochmals Mutter zu werden, die stolzen Gedanken, als Ägypterin doch etwas Besonderes zu sein, die traurigen Gedanken, die Ärmste von allen zu sein, all diese Gedanken waren auf einmal wie weggewischt. Ich sah nur, was ich war, was ich konnte, meine Möglichkeiten und meine Grenzen. Ich sah, was war. Die Wirklichkeit.«
Claudia lachte, machte eine Pause und schaute jede und jeden lange an. Dann schüttelte sie den Kopf: »Die wenigsten Leute sehen, was ist. Die meisten sehen, was nicht ist oder

was ihrer Meinung nach sein müsste. Sehen, was ist, heißt, die Wirklichkeit annehmen, ganz da sein, das Leben, dein Leben bejahen. Wer sieht, was ist, hat Frieden mit Gott.«
Claudia hatte diesen Satz ganz langsam und nachdrücklich gesprochen. Und machte danach eine lange Pause.
»Als wir vom Friedhof zurückkamen, fühlte ich mich wie verwandelt. Ich hatte erkannt: Wenn du siehst, was ist, stellst du dem Leben keine Bedingungen mehr. Du kannst den Wunsch aufgeben, möglichst leidfrei durchs Leben zu kommen, und wirst selbst leidensfähig, bereit Leiden auf dich zu nehmen. So wirst du zum Hoffnungsträger. Ja, Paulus hat Recht, wenn er schreibt: ›Bewährung bringt Hoffnung.‹ Du wirst auch radikaler«, rief Claudia mit starker, fester Stimme. »Du fragst nach den Wurzeln und Ursachen für die Leiden. Du findest dich nicht damit ab, dass alles so sein muss, wie es ist. Du entdeckst, dass Leiden durch Herrschaft von Menschen über Menschen verursacht wird.
Ich habe leider lange gebraucht, bis ich erkannte, dass der sprichwörtliche Reichtum und Prunk hier in Rom auf Sklaverei und brutaler Ausbeutung fremder Völker beruht. Kreuzigung heißt das wirksamste Herrscherinstrument Roms.
Immer mehr verstehe ich«, und während sie das sagte, schaute Claudia eindringlich in die Runde der Gottesdienstbesucher, »immer mehr verstehe ich, dass die christliche Gemeinde ein Fremdkörper in der römischen Gesellschaft ist. Darum werden wir immer wieder verfolgt. Christsein ist oft lebensgefährlich.
Ja, ich verstehe heute den Paulus viel besser, wenn er sagt: ›Wir rühmen uns auch der Trübsale.‹ Wer sich wie Jesus für die Befreiung der Menschen aus menschenunwürdiger Abhängigkeit einsetzt und dabei leiden muss, hat Grund sich seiner Leiden zu rühmen, denn sie sind Wunden, die die Befreiungsbewegung des Jesu von Nazareth mit sich bringt. Sie sind Narben der Freiheit.

Ein Letztes möchte ich euch sagen: Von den Sklaven- und Straßenkindern, die ich unterrichte, habe ich Entscheidendes gelernt: Gott geschieht da, wo Menschen ihre Würde entdecken und wiederfinden. Gott geschieht mitten unter uns, er ist nicht irgendwo hinter den Wolken in einem fernen Himmel. Gott ist stark, wo wir uns als wertvolle Menschen begegnen, als Menschen, die voller Werte, voller Gottesgaben sind. Sie, die Gottesgaben, in uns zu entdecken heißt einander zu lieben und Gott zu erleben.«
Claudia schwieg. »Ich habe nur aus meinem Leben erzählt«, sagte sie leise. »Ich hoffe, ihr habt dennoch verstanden, was es heißt, gerechtfertigt zu sein vor Gott. Es heißt: wertvoll zu sein in den Augen Gottes. Vergesst das nie!«

23. Wir müssen unsere Grundmelodie wiederfinden
(1 Korinther 7, 29–31)

Das verdammte Ding will nicht mehr! Nein, Herr Eisenmüller sagte das nicht zu seinem Infusionsständer, dessen Rollen manchmal klemmten. Er sprach von seiner gelähmten Hand. Merkwürdig, dachte Herr Ackermann, sein Bettnachbar. Wenn der schon so distanziert von seiner Hand spricht, ... kein Wunder, dass wir beide uns so schlecht verstehen. Ja, Herr Ackermann hatte bereits mit der Stationsschwester über eine Verlegung in ein anderes Zimmer gesprochen. Sein Bettnachbar musste das gespürt haben. »Ich weiß, ich bin kein angenehmer Mitpatient«, sagte Herr Eisenmüller am Abend des dritten Tages. »Aber das hier«, wieder zeigte er auf seine gelähmte Hand, »das hier muss erst einmal verarbeitet werden, neben allem anderen.« Und dann begann Herr Eisenmüller zu erzählen:
»Wissen Sie, als ich aus dem Krieg, genauer der Kriegsgefangenschaft zurückkam, hatte ich ein ähnliches Gefühl: Damals war mir alles zusammengebrochen: die Ideologie von einem Gross-Deutschland, meine Jugendträume von einer akademischen Laufbahn, mein Glaube an den Gott der Liebe, der alles so herrlich regiert. Damals habe ich mir geschworen: Lass dich von niemandem und von nichts mehr gefangen nehmen. Bleibe in kritischer Distanz zu allen totalitären Ansprüchen!«
»Und?«, fragte Herr Ackermann. Herr Eisenmüller holte tief Luft: »Und, da ich zum Studieren keine Lust mehr hatte, lernte ich Dachdecker, ich arbeitete mich hoch. Machte den Meister und bald darauf eröffnete ich ein eigenes Geschäft. Es blühte, sag ich Ihnen! Es lief bestens! 23 Leute hatte ich angestellt. Na ja, zugegeben, für die Familie blieb neben dem Bü-

rokram wenig Zeit. Für mich erst recht nicht. Außer dem Kegelabend war wenig drin. Aber die Kasse stimmte . . . Ich war ein reicher Mann im Dorf. Und glaubte, alles im Griff zu haben.« Er machte eine kleine Pause.

»Und jetzt«, er schaute auf seine Hand, »jetzt kann ich nicht einmal mehr einen Hammer halten.« Herr Eisenmüller atmete tief durch und biss lange die Zähne aufeinander.

Herr Ackermann schwieg. Er wusste keine Antwort. Und war ganz froh, als Herr Eisenmüller sich umdrehte und eine gute Nacht wünschte.

Am nächsten Morgen sprach Herr Ackermann die Schwester nochmals auf die Verlegung in ein anderes Zimmer an. Die Stationsschwester aber zeigte nur auf die Frau, die mit ihrem Bett im Flur lag und rief im Vorübergehen: »Sie sehen doch, was bei uns auf der Station los ist!«

Der neue Tag war ausgefüllt mit Untersuchungen, Therapien, Visite, Gesprächen . . .

Die folgende Nacht aber war sehr unruhig. Herr Eisenmüller rief ein paarmal laut: »Das ist nicht wahr!« Davon war Herr Ackermann aufgewacht und konnte nicht mehr einschlafen. Gegen drei Uhr früh läutete Herr Eisenmüller nach der Nachtschwester. Er war schweißgebadet und bat sie, das Bett frisch zu beziehen. Beim Frühstück hielt es Herr Ackermann nicht mehr aus. Er unterbrach das Schweigen: »Sie haben im Schlaf gesprochen!« Herr Eisenmüller zuckte ein wenig zusammen. »Habe ich das? Ich meine, Sie konnten verstehen, was ich im Traum gesagt habe?«, erwiderte er. Herr Ackermann meinte: »Das ist nicht wahr!, haben Sie ein paar Mal gerufen.« Herr Eisenmüller schwieg. Er kämpfte mit sich. Sollte er ihm erzählen, was er geträumt hatte? Sollte er es ihm erzählen, nur weil er sein Zimmergenosse war und Sprachfetzen mitgehört hatte?

Bevor seine Phantasie Blüten treibt, erzähl ich ihm den Traum, sagte sich Herr Eisenmüller und begann:

»Ich hatte einen Art Albtraum. Außer Atem rannte ich vor etwas davon oder auf etwas zu, ich weiß es nicht mehr ... Plötzlich stellte mir Sybille, meine verstorbene Frau, das Bein. Ich fiel der Länge nach hin und schlug mir die Hand und das Knie wund. ›Karl, du läufst im Kreis‹, rief sie. Ja, und dann bin ich schweißgebadet aufgewacht.«
»Und?«, fragte Herr Ackermann, »liefen Sie im Kreis?«
Herr Eisenmüller reagierte nicht auf die Frage.
»Dass du zuerst auf die Schnauze fallen musst, um zu erkennen ...«, flüsterte er. »Meine Frau war eine kluge, ja sehr kluge Frau. Sie hat viel gelesen. Wenn ich die Sportschau anguckte, hat sie gelesen... Warten Sie mal«, Herr Eisenmüller setzte sich auf die Bettkannte und zog die Schublade des Nachttisches auf. Dann stieß er sie voller Ärger wieder zu. Er schaute Herr Ackermann an: »Würden Sie mir einen Gefallen tun? Hinten in der Schublade liegt eine Schachtel mit Bildern von meiner Familie. Ganz unten in der Schachtel muss ein Zettel liegen, ein gelber Zettel. Würden Sie ihn mir bitte herausholen?«
Während Herr Eisenmüller dann den gelben Zettel mit der linken Hand entfaltete, sagte er: »Das hier war sozusagen der Lebensspruch meiner Frau. Sie hat sich viel mit den Widerstandskämpfern des 3. Reiches beschäftigt. Diese Worte stammen von Dietrich Bonhoeffer:

»Gott und seine Ewigkeit will von ganzem Herzen geliebt sein, nicht so, dass darunter irdische Liebe beeinträchtigt oder geschwächt würde, aber gewissermaßen als cantus firmus, zu dem die anderen Stimmen des Lebens als Kontrapunkte erklingen. Wo der cantus firmus klar und deutlich ist, kann sich der Kontrapunkt so gewaltig entfalten wie nur möglich.«

Herr Eisenmüller faltete langsam den Zettel wieder zusammen und legte ihn auf den Nachttisch.

»Ihre verstorbene Frau«, begann Herr Ackermann zögernd, »ich denke gerade: Sie könnte doch Recht haben. Du musst dich irgendwo festmachen. Ich meine, etwas haben, das dich trägt. Dann kannst du vieles tragen.«
Herr Ackermann machte eine Pause. Er spürte, seine Worte erreichten Herrn Eisenmüller nicht. »Etwas haben«, begann er wieder, »etwas haben, das ist vielleicht nicht der richtige Ausdruck. Wie sagte Bonhoeffer: Gott und seine Ewigkeit lieben. Ja, ja das ist besser. Aus einer Liebe leben, die dich trägt, deren Grundlagen du nicht selbst zerstören kannst.«
Herr Eisenmüller sah wieder seine rechte Hand an. Und bewegte mit der linken Hand ihre Finger. Er hatte gar nicht zugehört. Er summte eine Melodie vor sich hin.
»Als cantus firmus, als Grundmelodie«, flüsterte er. »Kennen Sie das Violinen-Konzert E-Dur von Johann Sebastian Bach? Da gibt es eine Stelle in dem langsamen Satz. Die Violine steigt immer höher und dann, gleichsam am Höhepunkt, setzt das Cello mit der Grundmelodie ein. Eine der spannendsten Stellen. Die Grundmelodie trägt. Die schützt vor dem Abheben. Die macht das Hören auf die Obertöne erst möglich.«
»Vielleicht müssen wir unsere Grundmelodie erst wieder finden«, warf Herr Ackermann ein.
Herr Eisenmüller hatte die Augen geschlossen: »Gott und seine Ewigkeit . . .«, murmelte er. »Ich muss dem nachgehen, was Bonhoeffer damit meinte. Jedenfalls klingt das nach einem weiten Raum, in dem alles Kurzlebige seinen Platz hat. Sich hingeben ohne sich zu verlieren.«
Da öffnete sich die Tür, die Krankengymnastin kam, um die Hand von Herrn Eisenmüller zu massieren. »Warten Sie bitte noch eine Viertelstunde!«, sagte Herr Eisenmüller, »ich höre gerade die ersten Takte meiner Melodie.«
Die Krankengymnastin verließ kopfschüttelnd das Zimmer. »Herr Eisenmüller lebt manchmal in einer anderen Welt. Ich verstehe langsam, dass Herr Ackermann sich in ein anderes

Zimmer verlegen lassen will«, sagte sie zur Ärztin, die auf dem Flur stand. »Will er das wirklich?«, antwortete die Ärztin. »Heute bei der Visite hat er mir gesagt, er wolle bei Herrn Eisenmüller bleiben. Von Tag zu Tag verstünden sie einander besser.«

24. Papa ist doch viel gesünder!

(Matthäus 11, 25–30)

Er öffnete die Augen nur einen winzigen Spalt und schloss sie sofort wieder. Mehrere Male blinzelte er so in den neuen Tag, drehte sich dann zur Wand und versuchte sich noch einmal in den Schlaf fallen zu lassen. Vergeblich, er konnte nicht wieder einschlafen, sondern döste so im Dämmerzustand vor sich hin, bis die Schwester kam, um Fieber zu messen. Er drehte sich um, atmete tief durch und öffnete die Augen. Jetzt fiel es ihm leichter, dem Tag ins Gesicht zu sehen. Ja, heute war Sonntag. Machmal sehnte er sich danach, manchmal fürchtete er den Sonntagmorgen mit diesem anderen Tagesrhythmus: Die Zeiten verschoben sich nach hinten. Es blieb mehr Raum, um in den Tag hineinzublinzeln.

Die Aufwachzeit war eine Art Zwischensein, zwischen Traum und Wirklichkeit. Wobei mit jedem geblinzelten Augenblick die Wirklichkeit an Boden gewann. Die Traumbilder kehrten in jene geheimen Archive zurück, in die sie von unbekannter Hand eingeordnet wurden, um zu gegebener Zeit wieder aufzutauchen.

Ein einziger Zauber, dachte er, dieses Tagwerden, das morgentliche Einleben in die Wirklichkeit.

Zuhause war das anders. Mit dem Wecker war der Tag mit allen Verpflichtungen und Terminen eingeläutet und besetzte auch die Nischen der Phantasie. Hier in der Klinik ist der Weg zum Einstimmen länger. Ist es überhaupt ein Einstimmen?, fragte er sich. Nein, Einstimmen war der falsche Ausdruck. Es gibt kein Einstimmen ins Kranksein. Oder doch?

Draußensein, fiel ihm ein. Ja, das passte besser, wenn es auch nicht genau seine Stimmungslage beschrieb. Ich bin draußen!

Draußen aus der Alltagswelt.

Draußen aus dem eigenen Haus.

Draußen aus dem Beruf.
Draußen aus der Familie.
Draußen aus dem Freundeskreis.
Aber!, wollte er einwenden. Aber sie besuchen dich doch!
Draußen! Er spürte, das war weniger eine Ortsbeschreibung als ein Gefühl.
Draußen. Er versuchte das Gefühl einzugrenzen. Er zwang sich, einige Bereiche vor diesem Draußensein zu schützen. Vergeblich. Ich bin draußen. Oder wie man so sagt: Aus dem Gleis geworfen. Aus meinen gewohnten Denkbahnen. Er spürte, dass ihm dieser Gedanke Angst machte.
Wie tröstlich doch Rasieren und Zähneputzen sein können, dachte er und lächelte sich dabei im Spiegel zu. Ist nicht jeder Mensch in gewisser Weise draußen, buchstäblich von Geburt an, draußen und damit auch einsam? Wenn du krank bist, dich in deinem Körper nicht mehr wohl fühlst, wirst du unwillkürlich an dieses Draußensein erinnert.
Irgendwie war es immer da, in jenen Geheimarchiven, wo auch die Traumbilder zu Hause sind. Aber du konntest es unter Verschluss halten, dieses merkwürdige Gefühl draußen zu sein.
Herr Eisenmüller zog den Morgenmantel an und betrat den Balkon. Im Wald hämmerte ein Specht. Dass der keine Kopfschmerzen kriegt?! Herr Eisenmüller erinnerte sich, dass das Gehirn des Spechtes abgefedert ist, sodass es durch das Hämmern nicht erschüttert werden kann. In weiter Ferne läuteten Glocken. Schön, dachte er, schön ist dieser Morgen! Dieser Sonntagmorgen! Merkwürdig! Ich stehe hier draußen auf dem Balkon und fühle mich dennoch dazugehörig. Ich bin lebendig wie der Baum, der Specht. Ich höre, rieche, spüre, fühle . . .
Herr Eisenmüller wartete, bis die Glocken ausgeläutet hatten und ging zurück in sein Zimmer. Was ist das Draußen und Drinnen? Ja, er war aus der Kirche ausgetreten. Unwillkürlich

schüttelte er den Kopf: Es ist mir zu eng in der Kirche. Ich lasse mir das Denken, die Zweifel nicht verbieten. Aber: Bin ich wirklich ausgetreten?

Die Botschaft des sanften Wanderpredigers aus Nazareth – hat sie mich nicht immer begleitet? Wie hatte dieser Jesus doch gesagt: *»Kommt alle zu mir, bei mir ist Raum für alle, die schwer an ihrem Leben tragen.« Raum für Zweifler und Ausgeschlossene. Raum zum Atmen. Oder so ähnlich.*

Ja, er hatte sich früher einmal sehr mit diesem Jesus befasst und einige Bücher über ihn gelesen. Aber das war schon lange her.

Ist der Raum des Vertrauens, von dem dieser Jesus so oft gesprochen hatte, auch ein Lebensraum, ein Zuhause für mich? Ein Raum ohne Erwartungsdruck!?

Erwartungsdruck! Wie komme ich jetzt darauf? Aber Halt!, wollte Herr Eisenmüller bei seinem inneren Gespräch wieder einwenden. Doch er spürte, wie ihn das Wort Erwartungsdruck innerlich aufwühlte. Wo du auch hinkommst, überall erwartet man, frau etwas von dir. Überall Druck! Wenn er nicht von anderen kommt, kommt er umso stärker aus dir selbst. Du solltest, du müsstest. Eigentlich wäre jetzt Zeit zum . . . Und immer musst du dich unter Kontrolle haben, vor allem deine Gefühle. Ein Raum ohne Erwartungsdruck, bei diesem Jesus, vor Gott!?

Herr Eisenmüller wunderte sich über sich selbst und die Gedanken, die in ihm aufstiegen. Ich werde ihnen nachgehen, sagte er sich und freute sich auf den Besuch von seiner Frau und seiner 10-jährigen Tochter.

Ist die Freude auch ein Erwartungsdruck?, fragte er sich und schaute immer wieder auf die Uhr.

Als er dann mit seiner Familie zusammensaß und ihm seine kleine Tochter das Lied vorsang, das sie im Religionsunterricht gelernt hatte, stimmte Herr Eisenmüller beim Kehrvers spontan mit ein:

»O, deep in my heart, I do believe, we shall overcome some day!«
Er schämte sich nicht seiner Tränen, sondern sang weiter und hielt dabei die Hand seiner Tochter ganz fest. Nachdem seine Frau mit der kleinen Hanna die Klinik verlassen hatte, fragte das Mädchen seine Mutter: »Mama, warum muss Papa noch in der Klinik bleiben? Er ist doch gesünder!«
Frau E. lächelte. Sie verstand gut, was ihre kleine Tochter mit dem Wort »gesünder« meinte.
Als Herr Eisenmüller sich wieder in sein Bett legen wollte, entdeckte er neben dem Bild seiner Tochter ein kleines Fläschchen mit der von Kinderhand gemalten Aufschrift: »Medizin, täglich einzunehmen«. Er öffnete die braune Flasche, pulte mit dem kleinen Finger den zusammengerollten Zettel heraus und las: Wenn vom Doktor nicht anders verordnet, täglich dreimal in der Stille einzunehmen:

»Komme, was mag, Gott ist mächtig!
Wenn unsere Tage verdunkelt sind und unsere Nächte finsterer als tausend Mitternächte,
so wollen wir stets daran denken, dass es in der Welt eine große, segnende Kraft gibt, die Gott heißt.
Gott kann Wege aus der Ausweglosigkeit weisen.
Er will das dunkle Gestern in ein helles Morgen verwandeln – zuletzt in den leuchtenden Morgen der Ewigkeit. Amen.«
(Martin Luther King)

Das ist wohl die Tür zu diesem Raum ohne Erwartungsdruck, dachte Herr Eisenmüller und spürte, wie sein Kopf schwer in die Kissen sank.

25. Wo die Angst am größten ist, liegen die Kohlen
(Jesaja 55, 6)

Gott suchen, ja, sagte sich Herr Eisenmüller, das habe ich mein Leben lang getan. Er lachte in sich hinein: Suchen und Verstecken – ein Kinderspiel! Suchen und Verstecken spielen mit Gott?! Wer hat sich da vor wem versteckt? Und wer sucht wen?
Oh ja, er erinnerte sich gut an die Versteckspiele zu Hause. Das ganze Haus war stockdunkel. Er musste suchen. Im Keller rief er oft verzweifelt: »Ton abgeben!« Und dann krächzte und piepste es aus vielen Ecken. Manchmal hatte er sich in den Keller geschlichen und hörte dann aus verschiedenen Ecken ein Schmatzen und Tuscheln.
Keller, das war eben auch der Vorratsort für viele leckere Sachen. Aber meistens verstummten alle, wenn er die knarrende Kellertüre öffnete.
Ton angeben? Ja, er erinnerte sich gut. Oft hatte er gerufen: »Bitte, Ton abgeben!« Das Gemeine war nur, dass ihn die Spielgefährten oft lange auf ein hörbares Zeichen warten ließen. Wenn er sie dann nach dem Versteckspiel zur Rede stellte, grinsten einige ihn breit an und sagten: »Du standest ja direkt vor mir, wie hätte ich da Ton abgeben sollen?«
Ton abgeben! Oh, einige waren besonders erfinderisch beim Versteckspielen. Sie versteckten sich hinter den anderen. Oder die Kleineren ließen sich von den Größeren auf die Schultern nehmen.
Ton abgeben! Bitte Ton abgeben! Ohne diesen Ruf war er im Keller verloren gewesen. Suchen und verstecken im Keller. Wie war er überhaupt darauf gekommen? Ah ja, durch den Satz: Suchet Gott! Kann man Gott im Keller suchen? Gesucht, sagte sich Herr Eisenmüller, gesucht habe ich ihn eigentlich

immer – seit Kindheitstagen: zugegeben mit großen Unterbrechungen. Unterbrechungen? Kann ein Mensch das Suchen nach Gott unterbrechen? Er zuckte unwillkürlich mit den Schultern. Auf jeden Fall habe ich ihn gesucht.
Er dachte nach: In jungen Jahren habe ich mich einer Gruppe angeschlossen. Sie redeten und sangen immer von Gott. Aber je länger ich bei ihnen war, umso mehr wuchs in mir das Gefühl: Hier wird Gott totgeredet, leergesungen. Manchmal hatte ich auch den Eindruck, als würde Gott durch die vielen Worte, die doch von ihm reden sollten, verschwiegen.
Ganz ähnlich ging es mir, dachte er, bei den »autonomen Radikalen«, wie sie sich selbst nannten. Sie sprachen von einer besseren Welt, von der großen Veränderung, von Gerechtigkeit. Immer mehr wuchs in mir der Verdacht: Sie verschweigen Gott. Sie schämen sich von Gott zu reden. Ja, sagte er sich, ich habe dann sozusagen für mich alleine weitergesucht und über längere Zeit das bewusste Suchen ganz aufgegeben.
Im Keller, Gott im Keller suchen! Dieser Gedanke lässt mich nicht los. Habe ich Gott bisher nur in den oberen Stockwerken gesucht? Herr Eisenmüller schnaufte tief auf, sodass sich sein Bettnachbar nach ihm umdrehte.
Zum Glück kann der keine Gedanken lesen. Oder vielleicht doch?
»Alles okay«, sagte Herr Eisenmüller und drehte sich auf die andere Seite.
Wie man doch manchmal auf so verrückte Gedanken kommt!? Gott suchen im Keller. So ein Quatsch! Warum versteckt er sich überhaupt? Und dann noch im Keller?
Herr Eisenmüller griff nach der Illustrierten auf seinem Nachttisch. »Diana in neuer Begleitung«, las er und legte das Blatt weg. Das Leben in Beziehungskisten ist auch so ein Kellerdasein, dachte er sich, obwohl es im Rampenlicht der Öffentlichkeit steht.

Aber ist das nicht dunkler als eine Kellerfinsternis, wenn du nach außen lächelst und nach innen weinst?
Nein, er hatte genug vom Leben in Beziehungskisten. Er hatte sich entschlossen allein zu leben und dies bisher nicht bereut. Oder doch?
Immer wieder war da eine starke Sehnsucht nach einem Menschen, dem er sich ganz anvertrauen, bei dem er sich fallen lassen konnte. Er dachte an sein Alter.
Die Liebe ist ein Kind der Freiheit, nicht der Jugend, sagte er sich und dieser Gedanke stimmte ihn irgendwie heiter. Vielleicht ist das ein und dasselbe: die Sehnsucht nach Liebe und das Suchen nach Gott. Aber, sagte er sich, Sehnsucht ist passiv und die Suche ist aktives Handeln, wenigstens ein »Ton abgeben!« rufen. Habe ich Liebe gesucht oder mich nur nach ihr gesehnt? Habe ich Gott gesucht oder nur darauf gewartet, dass er mich findet? Wie heißt doch der Satz:
Suchet Gott, jetzt, da er euch nahe ist, oder so ähnlich. Nahe ist, hier im Krankenhaus? Hier ihn suchen, mit den Infusionen am Hals? Ist das Fragen der Beginn des Suchens? Ganz frühe Erinnerungen stiegen in ihm auf. Damals als Kind im Bunker. Viele Erwachsene haben gebetet: Bring uns heil hier raus! Aber nichts war zu hören als die dumpfen Einschläge der Bomben in der Umgebung. Oder nach dem Verkehrsunfall auf der Intensivstation. Nur das gleichmäßige Klicken der Monitoren, kein Zeichen Gottes. Aber war ich nicht in all dem behütet? War Gott mir nicht gerade im Keller meiner Angst nahe? Wie hat doch meine Mutter immer gesagt: Wo die Not am größten, ist die Hilfe am nächsten!
Könnte es auch so sein, dass Gott sich finden lässt, er seine Zeichen abgibt und ich gar nicht auf seine Klopfzeichen geachtet habe? Ich habe mich lieben lassen, ohne den Geber der Liebe zu erkennen.
Gott wohnt da, wo man ihn einlässt. Irgendwo habe ich das gelesen. Ja, es gab Zeiten, in denen ich ihm ganz nahe war.

Zeiten von sehr bewusstem, intensivem Leben. Die Zeit nach dem Unfall. Damals habe ich die Schneeglöckchen läuten hören. Den Ruf der Meise nach dem Winter, das leise Rascheln der ersten Blätter im Frühling, das Trommeln der Regentropfen auf dem Wintergarten und ja, der erste Schrei meiner Tochter. Mein Gott, ja, deutlicher konntest du dich wirklich nicht zu erkennen geben.

Und, so sagte er sich: Bisher habe ich immer wieder einen Weg für mich gefunden. Ja, es gab immer auch Menschen, die mir nahe standen, die ich geliebt habe und . . . er zögerte. Und ja, auch das stimmt: Ich habe die Liebe immer wieder verraten. Ich habe oft gegen mein Herz gehandelt. Mich vorschnell entschieden. Meinem Verstand mehr vertraut als meinem Gefühl. Suchen, das hat doch wohl immer etwas mit Geduld zu tun. Habe ich in meiner Ungeduld, in meinem Hang zum schnellen Glück die Geduld verloren und damit in der falschen Richtung gesucht? Habe ich deshalb die Keller gemieden, weil das Suchen dort lange dauert und beschwerlicher ist?

Mit dem Keller habe ich auch um den Vorratsraum für Nahrungs- und Heizmittel einen Bogen gemacht. Er erinnerte sich an den Kohlenkeller zu Hause, das finsterste Versteck, das er als kleiner Junge nur mit großer Angst betreten konnte. Und er hörte seinen Vater, wenn er mit dem Kohleneimer die Küche betrat, sagen: Die Kohlen sind bei diesem lausigen Wetter unsere Lebensretter. Wo die Angst am größten ist, liegen die Kohlen!, sagte er sich und lächelte.

Das Hämmern des Spechtes draußen im Wald vor dem Fenster riss ihn aus seinen Gedanken.

Er lauschte diesem Hämmern nach, wartete, bis es wieder kam und freute sich innerlich wie ein Kind, als er hörte, wie der Specht lachend weiterflog.

26. Verzagtheit ist eine Falle versteckter Angst
(Johannes 14, 23–27)

»Sag mal, was würdest du einer Gemeinde schreiben, der die Begeisterung für die Sache Jesu verloren gegangen ist?« Esther schaute ihren Mann Johannes erstaunt an. So kannte sie ihn gar nicht. Ratlos und blass sah er aus. Sollten ihm selbst die Ideen ausgegangen sein? Ihm, dem beliebten Schreiber des Evangeliums? Noch nie hatte Johannes sie um Rat gefragt, was er schreiben sollte. Geht den großen Aposteln auch manchmal der Geist aus?, fragte sich Esther.
»Das ist so«, begann Johannes, »als würde dich, je länger du über sie nachdenkst, selbst die Müdigkeit und Verzagtheit überfallen. Irgendwie ist es leer in mir, leer, verstehst du, leer, so wie diese Schüssel. Wenn nichts drin ist, kannst du nichts schöpfen.« Johannes stellte die Backschüssel wieder auf den Herd.
»Dann musst du erst etwas in die Schüssel füllen«, antwortete Esther und legte den fertigen Teig in die Backschüssel. »Jetzt ist die Schüssel voll«, sagte sie. »Aber schöpfen kannst du erst, wenn der Teig gebacken ist. Du musst ihm zuerst Wärme geben, Hitze und Zeit.« Johannes lachte. »Du meinst, ich bräuchte Zeit für mich, Geduld . . .«
»Und Hitze«, sagte Esther und küsste ihn.
Ich habe mich in letzter Zeit zu lange hinter meinen Schriften verkrochen, dachte Johannes, und jetzt habe ich mich leergeschrieben.
»Lieber Gott, es ist gut, dass du dir Menschen, ganz normale Menschen, ausgesucht hast, um dein Evangelium aufzuschreiben«, sagte Esther. Und weil Johannes noch immer ratlos in der Küche herumstand, drückte sie ihm einfach ein Messer in die Hand und bat ihn, den Salat in feine Streifen zu schneiden. »Nichtstun ist der beste Nährboden für Verzagtheit«, sprach sie und hielt ihm den Salatkopf unter die Nase. »Willst

du für heute Abend etwa ein Festessen vorbereiten?«, fragte Johannes erstaunt. Esther lachte. »Warum nicht, wenn du lange nichts Leckeres mehr gegessen hast, kannst du auch nichts Gutes schreiben«, rief sie und drehte die Lammkeule um. Johannes schüttelte den Kopf: Sollte der Geist Gottes so eng mit dem Bauch verbunden sein, so leiblich wirken?
Oh je, dachte Esther, es ist gar nicht so leicht meinen Johannes aus seiner verkopften Lebenswelt herauszuholen!
Immer wieder fing Johannes an, einen Satz zu formulieren: »Der Geist Gottes wirkt wie ein Sturm oder – nein warte – er wirkt wie ein Orkan, der alles in Bewegung bringt.«
»Und?«, fragte Esther, »tut er das gerade bei dir?«
Wütend zerriss Johannes seinen Zettel und ließ sich auf den Küchenstuhl fallen.
»Dauert lange, bis du mal abschaltest«, sagte Esther leise, »aber wenn du nicht abschaltest, brennt dir der Geist durch.«
Das Essen war vorzüglich. So gut hatte Esther schon lange nicht mehr gekocht. Oder hatte er es nur nicht bemerkt? Johannes schämte sich bei dem Gedanken, dass er sich in den vergangenen Wochen keinen Abend freigehalten hatte.
Als die letzte frische Feige vom Nachtisch aufgegessen war, sagte Esther: »Du kannst nicht geistvoll schreiben, wenn du lieblos lebst«, und sie drückte Johannes fest an sich.
Am Morgen stand Johannes sehr früh auf. Er wollte das 14. Kapitel zu Ende schreiben und dabei eine klare Antwort geben auf eine wichtige Frage: Wie könnte die Gemeinde aus der Verzagtheit wieder zurückfinden zu der Begeisterung für die Sache Jesu – wie am ersten Pfingsttag? Christsein, so hatte er immer gesagt, ist ein Weg, auf dem du immer wieder zu einer Quelle kommst, einer Quelle der Kraft. Aber – das fiel ihm erst jetzt auf – manchmal sind die Durststrecken elend lang. Dann musst du aufpassen, dass du nicht vor lauter Verzweiflung aus einer Pfütze trinkst.
Dass die Verzagtheit auch mich so überfallen kann! Johannes

schüttelte den Kopf: Ich kenne viele Menschen, die sich ohnmächtig und wertlos vorkommen. Tägliche Erfahrungen haben in ihnen die Vorstellung gefestigt und verinnerlicht, dass ihr eigenes Leben belanglos sei. Sie fragen sich selbstverachtend: Was bist du denn schon wert?
Als Esther zum Frühstück rief, hatte er noch kein einziges Wort zu Papier gebracht.
Sie wirkt so jung, dachte Johannes, so mädchenhaft jung!
»Wem«, fragte Esther, als Johannes die Küche betrat, »wem gleicht unsere Liebe mehr, dem Weißbrot oder dem Schwarzbrot?«
Wie merkwürdig Frauen doch sein können, sagte sich Johannes. Ich grüble philosophischen Fragen nach und sie redet von Brot und Liebe.
»Dem Schwarzbrot«, rief er.
»Siehst du«, antwortete sie, »gegen die zähe Eintönigkeit, gegen die langweilige Schwere in der Gemeinschaft der Gläubigen hilft nur eine klare, knappe, einfache Sprache, gleichsam wie Schwarzbrot, was zum Beißen. Die Christen brauchen was zum Kauen, einfache Kost, bei der man nicht viel nachdenken muss.
Und«, fragte Esther weiter, »wovon lebt unsere Liebe im Alltag, ich meine den grauen Alltag über?« Sie sah ihren Mann seitlich aus den Augenwinkeln an und strich dabei ihr Brot.
Lange dachte Johannes nach. Tagsüber, im Alltag, hatte sie gefragt.
»Davon, dass wir voneinander spüren, was uns fehlt und uns das schenken«, antwortete er. Mein Gott, dachte er sich, das klingt so einfach. Meistens bin ich doch nur mit mir selbst und den Fragen der Gemeinde beschäftigt. Wann habe ich im Alltag Zeit Esther zu spüren, zu fühlen, was ihr fehlt? Wann schenke ich ihr das?
Esther war ganz still geworden. »Ja«, sagte sie, »unsere Liebe lebt im Alltag von den kleinen Aufmerksamkeiten, von dem fei-

nen Gespür für das, was uns fehlt. Ich glaube, so ist das auch mit uns Christen. Wir finden wieder zurück zu der alten Begeisterung für die Sache Jesu, wenn wir bei Gott spüren, was ihm fehlt.«
Spüren, was Gott fehlt?
Ja, sagte sich Johannes, Esther hat Recht, Jesus hat uns oft gesagt: Wer mich lieb hat, spürt, was mir fehlt und schenkt es mir.
»Du«, sagte Esther zu Johannes, »du wartest auf die große Begeisterung. Das sind Ausnahmen, seltene Augenblicke. Im Alltag sind es nicht die großartigen Visionen, sondern die täglichen Erfahrungen, in denen wir Gottes Gegenwart erleben.«
Johannes ging in sein Schreibzimmer. Auf dem Tisch fand er einen Mandelblütenzweig. Er spürte eine heimliche Freude in sich und begann zu schreiben. Dann stand er auf, ging zu Esther und sagte: »Danke für den Mandelzweig.« Esther lachte und wusste, Johannes hatte sie verstanden.
Wenn ein Mensch verzagt ist, dachte sie so für sich, dann darfst du ihn nicht zum Hürdenlauf ermuntern. Er braucht zuerst einmal Mut für den ersten kleinen Schritt. Verzagte sind verliebt in ihre eigenen Ohnmachtsgefühle. Aber wie hat doch unser Mitbruder Paulus seiner Gemeinde geschrieben: »Gott hat uns nicht den Geist der Verzagtheit gegeben, sondern den Geist der Kraft, der Liebe und der Besonnenheit.«
Gespannt wartete Esther auf das, was Johannes aufschreiben würde. Aber sie kannte ihn genau. Erst wenn die Zeit reif war, würde er es ihr vorlesen.
Am nächsten Tag ging Johannes aufs Feld. »Es ist Zeit das Feld umzugraben, damit der Spätregen einziehen kann«, rief er unter der Tür.
Drei Tage war er mit dem Acker beschäftigt und hatte in dieser Zeit sein Schreibzimmer nicht einmal betreten. Das ist kein gutes Zeichen, dachte Esther.
»Wie«, fragte Johannes dann während des Abendessens,

»wie können wir Jesus lieb haben, wenn er nicht mehr unter uns ist? Ich meine, wie kann ich das der Gemeinde erklären? Lieben heißt doch, in Beziehung zueinander bleiben.«
Lange dachte Esther nach. Dann erzählte sie Folgendes:
»Ich habe vor einigen Tagen Joachim, den Trompeter, auf dem Markt getroffen. Er war sehr besorgt, weil er ein kleines Geschwür an der Lippe hatte. ›Wenn ich einen Tag nicht übe‹, sagte er, ›merke ich es selbst, nach zwei Tagen merken es meine Freunde und nach drei Tagen merken es alle meine Zuhörer.‹« Esther machte eine Pause. »Ich glaube«, begann sie dann, »so ist das auch mit dem Christsein. Wir müssen uns täglich an Jesus erinnern, uns von ihm erzählen, wenn du so willst, den Glauben einüben.«
Johannes war tief betroffen. »Ich kenne viele Christen«, sagte er leise, »die sich nur selten an Jesus erinnern, die auch nicht mehr beten.«
Esther schüttelte den Kopf. »Sie sind nur noch dem Namen nach Christen. Ohne die Erinnerung, ohne die Zwiesprache, die tägliche Zwiesprache mit Gott verkümmert der Glaube, erlischt die Flamme des Pfingstfestes.«
»Das ist ja gerade die große Not, die Ursache für die tödliche Langeweile in den Gemeinden«, rief Johannes aufgewühlt und rannte in sein Schreibzimmer. Dort blieb er bis zum späten Abend. Als Esther ihn zum Essen rief, schaute sie ihm über die Schulter. »Was hast du nun aufgeschrieben?«, fragte sie. »Ich meine, was hast du der Gemeinde, die müde geworden ist, geschrieben?«
Mit Zögern in seiner Stimme las Johannes vor:

»Jesus antwortete und sprach zu ihm:
Wer mich liebt, der wird mein Wort halten;
und mein Vater wird ihn lieben, und
wir werden zu ihm kommen und Wohnung
bei ihm nehmen.

Wer aber mich nicht liebt, der hält meine Worte nicht. Und das Wort, das ihr hört, ist nicht mein Wort, sondern das des Vaters, der mich gesandt hat. Das habe ich zu euch geredet, solange ich bei euch gewesen bin.
Aber der Tröster, der heilige Geist, den mein Vater senden wird in meinem Namen, der wird euch alles lehren und euch an alles erinnern, was ich euch gesagt habe.
Den Frieden lasse ich euch, meinen Frieden gebe ich euch. Nicht gebe ich euch, wie die Welt gibt. Euer Herz erschrecke nicht und fürchte sich nicht.« (Joh 14, 23–27)

Ohne Esthers Meinung abzuwarten, fügte er gleich hinzu: »Eigentlich wollte ich von Schwarzbrot und Liebe, vom blühenden Mandelzweig und der Freude, vom guten Essen und geistvollem Denken schreiben, aber ich habe mich nicht getraut.«
»Ich finde deine Gedanken sehr gut. Klar und deutlich formuliert. Die Menschen werden sie verstehen. Vor allem den Gedanken, dass Gott zu uns kommt und in uns wohnt.« Esther stockte. »Wir müssen ihn einlassen und ihm Raum geben. Wenn aber der ganze Raum vollgestellt ist? Oder hier«, sie zeigte auf den Text. »Dein Schlussgedanke: Die wichtige Unterscheidung von Frieden, der auf dem Einsatz von Macht und Unterdrückung beruht und für viele Menschen nur Angst und Schrecken bringt, und dem Frieden, den Jesus bringt.
Ziel seines Friedens ist die Versöhnung und nicht nur das Ende des Kampfes. Wie oft hat er uns zum Streiten ermutigt und dabei deutlich gemacht, dass es immer um ein Weiterkommen

geht. Streiten muss von dem lebendigen Interesse an einer Verbesserung der Zustände genährt werden und zudem über die Ausgangspositionen hinausführen.«

Esther las weiter. »Ja, das müssen wir uns immer wieder sagen lassen: Euer Herz erschrecke nicht und fürchte sich nicht. Viele legen es geradezu darauf an, uns Angst und Schrecken einzujagen, uns einzuschüchtern, damit wir gefügig werden. Wo Angst vorherrscht, kann Begeisterung nicht aufkommen. Der Geist Gottes ist immer ein Geist gegen die Angst. Wie sagte Jesus: In der Welt habt ihr Angst, aber seid getrost, ich habe die Welt überwunden.«

Esther machte eine lange Pause. Wie im Selbstgespräch fügte sie dann hinzu: »Angst ist immer gegenwärtig. Wer seine Angst versteckt, dem wird sie zur Falle. Verzagtheit ist eine Falle versteckter Angst.«

»Wenn du das so sagst, dann ist das, als hörte ich das Evangelium für mich«, antwortete Johannes leise.

»Ja, wir beide, wir alle müssen uns gegenseitig das Evangelium sagen, so als würde Jesus heute, jetzt zu uns reden«, sagte Esther und ihre Stimme hatte wieder den sicheren, festen Ton.

Esther nahm das Blatt Papier vom Schreibtisch.

»Du hast das doch auch sehr deutlich ausgedrückt, dass Jesus durch uns redet, indem du deine Sätze beginnst: Jesus antwortete und sprach. Du schreibst, aber Jesus spricht, weil er in uns wohnt, weil er mitten unter uns ist.«

Johannes erinnerte sich: »Genau so war es auch am ersten Pfingsttag. Wir haben den Menschen von Jesus erzählt und indem wir erzählten, sprach er zu uns. Wir schenkten einander, was wir brauchten: den Hungernden Brot, den Frierenden Kleider, den Verzagten Mut und Hoffnung. In unseren Gottesdiensten brachten wir unsere Klage und unseren Dank vor Gott und hörten auf sein Wort als Weisung für unser Leben.

In der letzten Zeit«, Johannes sprach sehr langsam, »haben wir uns zu viel mit dem Elend der Notleidenden beschäftigt und dabei zu wenig an uns gedacht, wie viel Kraft wir brauchen, um uns den Leidenden zuzuwenden. Wir müssen uns wieder dem Kräftestrom anschließen; wenn du so willst, jeden Tag Pfingsten feiern. Das Wirken des Geistes Gottes beginnt doch damit, dass wir stark werden, um der Not zu begegnen.«

»Und«, fügte Esther hinzu, »wir haben vergessen, dass die Gemeinde eine heilende Gemeinschaft ist, von der jede und jeder sich getragen weiß.

Der Geist Gottes lässt sich aber von keiner Gemeinde einsperren. Er entschwindet, wenn wir die Grenzen zu eng stecken.«

»Wie meinst du das, die Grenzen zu eng stecken?«, fragte Johannes. »Das Haus Gottes«, erwiderte Esther, »ist nicht nur unsere Gemeinde, sondern die ganze bewohnte Erde. Je mehr wir ökumenisch denken und handeln, desto größer wird unsere Begeisterung für die Sache Jesu.«

27. Wenn wir am Ende sind, steht Gott mit uns am Anfang

(4. Mose 11)

Fleisch, Fische, Kürbisse, Melonen, Lauch, Zwiebeln, Knoblauch!

Mose rieb sich die Augen. Waren es Stimmen aus einem Traum? Nein, jetzt hörte er es deutlicher. Die Stimmen kamen von draußen, von dem Platz vor seinem Zelt.

Deutlich hörte er jetzt auch, wie einige seinen Namen riefen. »Mose, Mose, wir müssen mit dir reden!«

Zu gut kannte er diesen Ton. O Gott, was haben sie jetzt vor, dachte er, fuhr in seine Sandalen, nahm den Stab, den bewährten, und trat vor das Zelt.

Ein Halbkreis hatte sich dort gebildet. Mose kannte sie alle, die Sprecher der Zelte.

Einer von ihnen trat aus dem Halbkreis heraus, ging auf Mose zu und schüttete ihm das eben aufgelesene Manna vor die Füße.

»Das süße Zeug steht uns bis hier oben«, rief er. »In Ägypten gab es Fleisch und Fische!« »Jawohl«, schrien einige dazwischen, »Kürbisse gab es und Melonen, Lauch, Zwiebeln und Knoblauch.«

Einen Augenblick lang wusste Mose nicht, ob er lachen oder weinen sollte. Fische, Melonen, Kürbisse in der Wüste . . . Ein übler Scherz, dachte er, sie sind übergeschnappt. Das macht die Hitze. Wahnbilder in der Wüste!

Mose hob die Hand und plötzlich wurde es still, ganz still. Aber bevor er etwas antworten konnte, trat der alte Simeon hervor: »Unsere Seelen sind matt und müde vor lauter Manna. Wir können und wollen nicht mehr weiter«, sagte er mit fester Stimme. Das war ein klares Wort.

»Ich verstehe!«, sagte Mose, und ohne aufzublicken drehte er sich um und ging. Nein, er kehrte nicht zurück in sein Zelt. Er ging zum Zelt Gottes.

»Gott, es reicht mir, ich geb's auf!«, rief er und beschleunigte seinen Schritt. Als er dann im Heiligen Zelt stand, warf er seinen Stab auf die Erde, und dann brach es aus ihm heraus: *»Warum tust du so übel an deinem Knechte und warum finde ich nicht Gnade vor deinen Augen, dass du mir die Last dieses ganzen Volkes auferlegst? Habe denn ich dieses ganze Volk empfangen, oder habe ich es geboren, dass du zu mir sagst: Trage es an deinem Busen, wie die Wärterin den Säugling trägt, in das Land, das du seinen Vätern zugeschworen hast? Woher nehme ich Fleisch für dieses ganze Volk? Denn sie wehklagen vor mir und sprechen: Gib uns Fleisch zu essen! Ich vermag dieses ganze Volk nicht allein zu tragen; es ist mir zu schwer. Willst du so an mir handeln, so töte mich lieber, wenn ich anders Gnade vor deinen Augen gefunden habe, damit ich mein Elend nicht mehr ansehen muss.«* (4. Mose 11, 11–15, Züricher Bibel)

Mose atmete auf. Endlich war gesagt, was ihn schon lange umgetrieben hatte.

Dann blieb er stehen, wartete in der Stille auf Gottes Antwort. Nach eine Weile nickte Mose mit dem Kopf. Dann aber wurde er rot und flüsterte zornig: *Unmöglich! »600.000 Mann zu Fuß zählt das Volk, unter dem ich lebe, und du sprichst: ›Ich will ihnen Fleisch geben, dass sie einen Monat lang zu essen haben!‹ Kann man so viele Schafe und Rinder für sie schlachten, dass es für sie genug ist? Oder soll man alle Fische des Meeres fangen, dass es für sie genug ist? Der Herr aber sprach zu Mose: Ist etwa der Arm des Herrn zu kurz? Du wirst bald sehen, ob mein Wort eintrifft oder nicht.«* (4. Mose 11, 21–23, Züricher Bibel)

Noch lange Zeit blieb Mose im Heiligen Zelt und lauschte. Dann stand er entschlossen auf. »Ermutigung durch Entlastung. Danke«, sagte Mose, ging durch alle Zelte und suchte sich 70 Männer aus den Ältesten des Volkes aus. »Ihr sollt von nun an mit mir die Verantwortung für das Volk Gottes tragen. Gott wird euch dazu denselben Geist geben, den er mir geschenkt hat: Den Geist der Kraft, der Liebe und der Weisheit.« Dann versammelte Mose die siebzig Männer und stellte sie rings um das Heilige Zelt auf. »Da fuhr der Herr in der Wolke herab und redete mit ihm und nahm von dem Geiste, der auf ihm ruhte, und legte ihn auf die siebzig Ältesten; und als der Geist über sie kam, gerieten sie in Verzückung ohne Aufhören.« (Vers 25) Das hatte die Wüste noch nie erlebt. Tanzende Menschen voller Zuversicht und Hoffnung. Eine begeisterte Menge, die sang, lachte und immer wieder rief: *»Der Herr ist meine Stärke und mein Lobgesang und ist mein Heil.«* (2. Mose 15, 2) Mose, sonst so beherrscht und zurückhaltend, war wie aus dem Häuschen: Er sprühte vor Lebensfreude. Josua aber, sein engster Vertrauter, machte sich ernstlich Sorgen um Mose. Der dreht noch durch, dachte er. Als dann auch noch Eldad und Modad draußen im Lager genauso anfingen zu singen und zu tanzen, fasste sich Josua ein Herz. »Mose, du musst durchgreifen, die Leute zur Vernunft rufen. Die Begeisterung überschlägt sich, sie könnte sich verselbständigen und dann . . .« »Wollte Gott, dass alle im Volk so begeistert wären! Wenn doch Gott allen seinen Geist schenken würde, dass sie ein einziges Mal so außer sich sein könnten«, antwortete Mose und spürte doch, dass er Josuas Bedenken damit nicht zerstreuen konnte. Schade, dachte Mose.

Daraufhin kehrte Mose mit den Ältesten Israels zum Lager zurück. Da erhob sich ein Wind, vom Herrn gesandt, ließ Wachteln kommen vom Meer und ließ sie auf das Lager fallen. Fleisch in Fülle. Auch der Wind, der die müden Wachteln zu uns getrieben hat, auch der Wind ist dein Geist, guter Gott. Nein, dein Arm ist nicht zu kurz. Wenn wir am Ende sind, stehst du, Gott, mit uns am Anfang, dachte Mose.

28. Du, bleib ein bisschen bei mir!
(2 Korinther 4, 16–18)

»Du, Du, bleib ein bisschen bei mir!«, sagte er und griff an dem Teller vorbei nach der Hand des Wärters. Der blickte sich hastig um, als sei es verboten sich von einem Gefangenen anfassen zu lassen.

»Ich komme später nochmals vorbei«, flüsterte er, »wenn das Essen ausgeteilt ist.« Dann stellte er behutsam den Teller auf den Tisch, ging rückwärts aus der Zelle und ließ die Tür ins Schloss fallen.

Merkwürdiger Mensch, dachte er beim Füllen des nächsten Tellers, so anders als die anderen! So ganz anders!

An der Tür nebenan öffnete er nur die Klappe und schob den Teller hinein.

»Wenn ich nicht solchen Hunger hätte, würde ich dir den Fraß hinterher schütten«, rief es aus der Zelle. Er hörte die wütende Empörung und ging weiter. In Gedanken immer noch bei dem anderen, dem schmächtigen Gefangenen mit den großen ausdrucksstarken Augen und den schmalen Fingern.

Was wollte er von mir? Entgegen aller Bedenken zog es ihn zurück zur Zelle Nummer XIII. »Ich bin's«, flüsterte er. »Ich komme zurück.« Bevor er die Zelle betrat, vergewisserte er sich, ob auch kein Mitwärter ihn beobachtet hatte.

Die Mittagssonne schickte gerade ein paar Strahlen durch das Oberfenster der Zelle. Und merkwürdig, die Sonnenstrahlen fielen auf ein Pergamentblatt am Boden. Nur eine einzige Zeile stand darauf. Claudius blieb einen Augenblick wie angewurzelt stehen. Das Licht auf dem Pergamentblatt am Boden. Irgendwie schön, dachte Claudius und vergaß dabei für einen Augenblick, dass er mit dem Gefangenen Paulus in einer der finstersten Zellen dieses Gefängnisses stand.

»Du wunderst dich«, fragte der Gefangene, »dass ich dich gebeten habe bei mir zu bleiben.« Claudius nickte. »Ich muss mit jemandem reden – verstehst du? Ich komme . . . setz dich! Bitte setz dich einen Augenblick.« Der Gefangene schob ihm einen klobigen Stuhl hin, setzte sich dann selbst daneben auf den Boden. Claudius war ein wenig verwirrt. Was wollte dieser Gefangene von ihm? War das Ganze eine Falle? Angst stieg in ihm auf. Angst, von seiner Menschlichkeit, von seiner weichen Seite wieder einmal in die Falle gelockt worden zu sein. Aber als Claudius dann die ausgemergelten nackten Beine des Gefangenen sah, verflog seine Angst. Der magert immer mehr ab, dachte Claudius und blickte nach dem Teller. Halb leer gegessen!
»Du«, sagte der Gefangene und riss damit den Wärter aus seinen Gedanken, »kann es sein, ich meine, kennst du das: Gibt es ein Innen und ein Außen? Also außen, das ist hier.« Er klopfte an seine Brust, seinen Bauch, an seine dünnen Beine. »Das hier ist außen: mein Körper. Hier drin in diesem finsteren Loch wird er immer weniger!« Er sagte das mit Traurigkeit und Wut in seiner Stimme. »Aber«, fuhr er dann fort und Claudius wagte es kaum in die funkelnden Augen des Gefangenen zu sehen, »aber innen, verstehst du, innen sieht es ganz anders aus. Innen wachse ich. Werde ich stärker, jeden Tag mehr. Sag, kennst du das, kann das sein?« Wieder griff der Gefangene nach der Hand des Wärters.
Claudius holte tief Luft. Erst einmal Abstand gewinnen!, dachte er, so hatte es ihm sein Chef eingetrichtert. Abstand gewinnen!! Aber Claudius erkannte sofort, diesmal ging das nicht. Er wehrte sich deshalb auch nicht gegen den Zugriff des Gefangenen. Ohne Angst ließ er seine Hand, die Hand mit dem Zellenschlüssel, festhalten. Claudius spürte den sanften Druck der knöchrigen Hand. Ein kindliches Betteln glaubte er in dieser Hand zu spüren, ein Betteln nach menschlicher Nähe.

Na ja, dachte Claudius. Kein Wunder! Die Zeit hier drin reibt die Seele wund.
Und auf einmal verstand er, dass die meisten Gefangenen nach einigen Wochen Einzelhaft alles zugeben, was ihnen angelastet wird, mehr noch, als sie je getan haben. Sie wollen einfach hier raus.
Darum auch die strenge Vorschrift, mit den Gefangenen keinen persönlichen Kontakt zu pflegen, nicht mehr als unbedingt nötig mit ihnen zu sprechen.
»Sag, kennst du das?«, wiederholte der Gefangene seine Frage. Und weil er spürte, dass Claudius in seinen Gedanken ganz woanders war, wiederholte er: »Dein Körper wird immer schwächer, aber du selbst, dein Inneres ist hellwach, ja voller Zuversicht, so, als würde dir immer neue Widerstandskraft zufließen. Kennst du das: ein Außen und Innen?«
Claudius nickte, aber er konnte seine Zustimmung schwer in Worte fassen. Er schwieg. »Wenn ich«, begann er dann stockend, »wenn ich einen Gefangenen, der begnadigt wurde, in die Freiheit begleite, denke ich oft, ich sei er.« Dabei legte Claudius den Schlüssel neben den halbleeren Teller und dann, dann umfasste er die Hand des Gefangenen.
»Du, Paulus«, sagte er, »ich verstehe, glaube ich, was du meinst: Wir können nur standhalten, wenn wir innerlich stark sind. Das Ganze hier«, er holte mit seiner linken Hand weit aus, »das Ganze kannst du nur ertragen, wenn du innen«, Claudius zeigte auf sein Herz, »wenn du hier stark bist.«
Paulus nickte. »Ja, ja«, sagte er leise. »Ich bin, wie du weißt, nicht zum ersten Mal im Gefängnis. Hier«, er zog das graue Hemd von der Schulter, »die Spuren der Schläge, kurz bevor sie mich zum zweiten Mal einsperrten.« Er schwieg. »Manchmal, manchmal erscheint dir die Nacht endlos. Deine Seele trocknet aus, wenn dich keiner anspricht.« Claudius erschrak: Die Hand des Gefangenen verkrampfte sich, Paulus riss die Augen weit auf, Schaum trat ihm vor den Mund, er knirschte

mit den Zähnen. Claudius griff nach dem Schlüssel, sprang auf und wollte aus der Zelle laufen. Dann aber blieb er wie gebannt stehen und schaute auf den sich am Boden krümmenden Gefangenen. Wie ein zertretener Wurm, dachte er. Nach ein paar Minuten kam Paulus wieder zu sich. Sichtlich erschöpft. »Keine Angst«, flüsterte er, »ein Anfall, er kommt und geht. Ich muss damit leben. Wie oft habe ich gebetet: Barmherziger Gott, warum bin gerade ich so geplagt? Bitte, lass mich gesund werden! Nimm die scheußliche Krankheit von mir! Einmal glaubte ich seine Antwort ganz deutlich zu hören: *Lass dir an meiner Gnade genügen; denn meine Kraft ist in den Schwachen mächtig.*« (2. Kor. 12, 9)

Claudius kniete sich neben den Gefangenen. Nahm seinen Kopf in beide Hände und stützte ihn. Paulus schloss die Augen und sein Atem wurde immer ruhiger. Draußen im Gang rief einer nach Claudius. Der aber antwortete nicht.

Nach einiger Zeit öffnete Paulus die Augen. »Danke«, sagte er, »du bist zu mir wie ein Engel.« Dann stand Paulus auf, hob das Blatt vom Boden auf, setzte sich an den Tisch und schrieb. Claudius beobachtete, wie sich die Gesichtszüge des Gefangenen beim Schreiben immer mehr entspannten. »Bitte«, sagte Claudius, »lies mir vor, was du geschrieben hast.«

»Darum«, begann Paulus mit fester Stimme, »darum verliere ich nicht den Mut. Die Lebenskräfte, die ich von Natur aus habe, werden aufgerieben; aber das Leben, das Gott mir schenkt, erneuert sich jeden Tag. Die Leiden, die ich jetzt ertragen muss, wiegen nicht schwer und gehen vorüber. Sie werden mir eine Herrlichkeit bringen, die alle Vorstellungen übersteigt und kein Ende hat. Ich baue nicht auf das, was man sieht, sondern auf das, was jetzt noch keiner sehen kann. *Denn was wir jetzt sehen, besteht nur eine gewisse Zeit. Das Unsichtbare aber besteht ewig.*« (2. Kor. 4, 16–18, Die gute Nachricht)

»Du meinst«, unterbrach Claudius das lange Schweigen, »du meinst, du kommst nochmal hier raus?«
»Ja«, sagte Paulus, »ich bin sicher, es gibt für mich einen Weg.«
»Und wenn sie dich zum Tode verurteilen?«
Paulus nickte: »Auch dann.
Hier«, sagte er, »lies!« Dabei streckte er ihm das Blatt hin, das er am Tag vorher geschrieben hatte.
Claudius schüttelte den Kopf: »Ich kann nicht . . .«
»Ach ja, verzeih, Bruder, ich hatte es vergessen«, und dann las Paulus vor:
»Ich bin nur ein zerbrechliches Gefäß für einen so kostbaren Inhalt. Denn man soll ganz deutlich sehen, dass die übermenschliche Kraft von Gott kommt und nicht von mir. Obwohl ich von allen Seiten bedrängt bin, werde ich nicht erdrückt. Obwohl ich oft nicht mehr weiter weiß, verliere ich nicht den Mut. *Ich werde verfolgt, aber Gott verlässt mich nicht. Ich werde niedergeworfen, aber ich komme wieder auf.*« (2. Kor. 4, 7–9, Die gute Nachricht)
Claudius rieb sich den Kopf, die Augen . . . Das Gehörte tat ihm gut. Aber er konnte es sich nicht merken. Sein Kopf war voller Gedanken. Lesen werde ich lernen, sagte er sich. Ich muss das nochmals nachlesen.
Nur den einen Satz hielt er wie eine kostbare Münze fest: »Darum verliere ich nicht den Mut.«
»Schenken lassen musst du sie dir, die Kraft der Hoffnung, vom Gott der Hoffnung. Oder, wenn du so willst, aus der Stille musst du sie schöpfen. Der Brunnen ist tief«, sagte Paulus und schaute dabei die Wände seiner Zelle an.
Als Claudius die Gefängniszelle verließ, drehte er sich an der Tür nochmals um. »Jetzt«, sagte er, »jetzt habe ich wieder dieses merkwürdige Gefühl, als sei ich du.«

29. Wenn mein Kopf aber zu klein ist!?

(Josua, 1, 9)

Am frühen Morgen, wenn sie aufwachte, purzelten ihre Gedanken durcheinander, so als hätte sie einen großen Turm mit Bauklötzen umgestoßen.
Neben wen soll ich mich setzen? Werde ich das schaffen still zu sitzen? Ich freue mich schon auf textiles Werken. Und auf Sport. Ob Jürgen auch so einen schönen Schulranzen hat? Was hat Mama wohl alles in die Schultüte gesteckt? Der erste Schultag, wie oft hatte sie an den gedacht. Die Erwachsenen sagen oft so Widersprüchliches über die Schule. Stefanie hatte ihren Schulranzen aus dem Schrank geholt und schaute alles noch einmal genau an: das Mäppchen mit den Farbstiften, die schönen Umschläge für die Hefte, die Schachtel für das Pausenbrot.
Die einen sagen: In der Schule ist es ganz toll, da lernst du viele interessante Sachen. Da ist es spannend.
Die anderen sprechen drohend von der Schule: Es wird Zeit, dass du in die Schule kommst. Oder der grosse Bruder: Die soll erst mal in die Schule kommen.
Wenn ich nur wüsste, was ich alles lernen muss. Ob auch alles in meinen Kopf passt und ich alles behalten kann? Einer aus der zweiten Klasse hatte in den Ferien sogar behauptet: Die Lehrerin sieht alles. Wie soll sie alles sehen, wenn sie auch nur zwei Augen hat?
Na ja, dachte Stefanie, ich hab ja noch zwei Tage Zeit. Sie stand auf, frühstückte und ging zum großen Teich. Da saß, wie so oft, ihr Opa. Aber merkwürdig, er hatte keine Angel in der Hand.
»Was machst du hier?«, fragte ihn Stefanie verwundert. Opa hielt den Finger an den Mund. »Ich höre den Fröschen zu«, flüsterte er. Er machte ein Zeichen, dass sie sich neben ihn setzen solle.

»Pass auf«, sagte Opa, »gleich fängt der da hinten wieder an, und dann stimmen alle ein. Jeder will der Lauteste sein.« Tatsächlich, Opa hatte es kaum ausgesprochen, da fing hinten rechts ein Frosch an zu quaken und sofort stimmten alle anderen mit ein. »Hörst du, einer hat eine ganz hohe Stimme. Und die Frösche hier vorne, die sind noch ganz jung, ihre Stimmen sind schwach und zaghaft. Hörst du den, der so ganz tief quakt, das ist sicher so ein Opa wie ich.« Stefanie war ganz verwirrt, sie hörte nur ein wildes Durcheinandergequake.

Opa schüttelte den Kopf: »Nein, nein, sie haben auch ihre Ordnung, die Frösche.« Er machte eine lange Pause.

»Du kommst ja übermorgen in die Schule«, sagte er dann. »Weißt du, was das Wichtigste ist in der Schule?«

Stefanie wartete gespannt auf Opas Antwort.

»Zuhören«, sagte er.

»Einfach nur zuhören?«, fragte Stefanie ein wenig enttäuscht.

»Oh, einfach ist das nicht. Zuhören ist das Schwierigste, und kein Mensch kann es ganz richtig.

»Horch mal«, flüsterte Opa. »Hast du den lauten Quakton gehört? Das war ein Warnruf.«

»Platsch, platsch, platsch«, machte es plötzlich und am Weiher wurde es mucksmäuschenstill. Nur der Storch drehte oben am Himmel seine Kreise.

»Wer zuhört«, begann Opa wieder, »der hört nicht nur auf die Bedeutung der Worte, der hört auch auf die Melodie der Stimme. Hast du gemerkt, der eine Frosch hat nicht nur gequakt, er hat alle gewarnt: Achtung, Lebensgefahr! Wenn du zuhörst, kannst du herausfinden, ob es ein Mensch gut mit dir meint, ob jemand traurig, fröhlich, ärgerlich ist . . .«

»Oh je«, rief Opa, »ich muss zum Bäcker, Brötchen kaufen. Deine Mutter hat gesagt, sie wolle heute noch in die Stadt fahren.«

Opa stand auf und ließ Stefanie einfach sitzen.
Das tat er oft.
Stefanie saß noch eine Weile da, dann stand sie auch auf, schüttelte den Kopf und sagte zu sich: »Für mich bleibt es Froschgequake.«

Ja, und dann saß Stefanie am ersten Schultag in der Schulklasse. Sie saß neben ihrer besten Freundin, Claudia.
Komisch: Was Opa da am Teich gesagt hatte, das ging ihr nicht aus dem Kopf. Sie hörte zu.
Und je länger die Lehrerin sprach, umso leichter fiel ihr das Zuhören. Sie sprach über den Stundenplan und dass alle pünktlich in die Schule kommen müssen.
Aber bei allem hörte Stefanie etwas heraus, was ihr Mut machte. Aus der Stimme der Lehrerin hörte Stefanie ein großes Vertrauen heraus. So, als wollte sie sagen: Wir alle schaffen das miteinander.
Plötzlich machte Frau Becker, die Lehrerin, eine Pause. »Ihr beiden da hinten in der letzten Bank, ihr hört mir gar nicht zu. Wer nicht zuhört, kann nichts lernen.«
Aha, dachte Stefanie, Opa hat Recht. Zuhören ist das Wichtigste in der Schule.
Auf dem Nachhauseweg musste Stefanie das letzte Stück alleine gehen, denn ihr Haus lag am Dorfrand. Da kam ihr ein Satz in Erinnerung, den sie im Gottesdienst zum Schulanfang in der Kirche gehört und sich gemerkt hatte:
»Sei tapfer und entschlossen! Lass dich durch nichts erschrecken und verliere nie den Mut; denn ich, der Herr, dein Gott, bin bei dir, wohin du auch gehst.« (Josua 1,9, Gute Nachricht)
»Danke, lieber Gott«, sagte sie leise und stürmte ins Haus.
»Mutter, Mutter, ich glaube, mein Kopf ist doch nicht zu klein, um alles zu lernen«, rief Stefanie voller Freude.
Die Mutter nahm sie in die Arme und drückte sie fest an sich. »Außerdem wächst dein Kopf ja noch, und wenn du ge-

nau zuhörst, kann sich dein Kopf ganz leicht vieles merken.«
Stefanie strahlte.
Ja, dachte sie, das hab ich heute schon ausprobiert. Dann rannte sie zu Opa an den Teich, dem musste sie doch endlich ihr erstes Schulabenteuer erzählen.

30. Finsternis ist nicht finster vor dir

(Matthäus 2, 13–15)

Nein, die Stimme des Boten Gottes habe ich nicht gehört. Aber als ich erwachte, spürte ich sofort: Unheil bahnt sich an. Josef, der neben mir geschlafen hatte, war sehr unruhig und voller Hast. Zuerst packte er die Werkzeuge zusammen.

Eine Grundausstattung für alle Fälle hatte Josef immer dabei. Das Beil, die Säge, einen Hammer, den Hobel, das Winkeleisen, den Stechbeitel.

Dann klopfte er die Decken und Felle aus, auf denen er geschlafen und mit denen er sich zugedeckt hatte. Kurz darauf ging er hoch zum Wirt.

Ich traute meinen Ohren nicht, richtete sie steil auf, um alles genau mitzubekommen. Ja, es ging um mich! Josef fragte: »Was kostet der Esel? Ich brauche ihn dringend. Wir müssen aufbrechen, noch heute Nacht.«

»Nun ja, das ist so«, sagte der Wirt und durch die dünne Zimmerdecke dröhnte seine tiefe Stimme, »der Esel ist Gold wert, er ist ausdauernd, belastbar, geduldig und bescheiden. Wie gesagt, er ist Gold wert.«

»Hier«, sagte Josef ruhig, »reicht das?« Ich erschrak. Josef wird ihm doch nicht das Gold geben, das ihm die Könige geschenkt hatten!? Ihr werdet es nicht glauben, aber ich sah die gierigen Augen von Andreas, meinem Herrn, deutlich vor mir.

»Nein«, rief Josef plötzlich sehr energisch. »Nein, das ist genug. Alles kann ich nicht hergeben. Wir müssen fliehen und auf der Flucht werden wir das Gold dringend brauchen.«

»Also gut«, schrie Andreas, »nimm den alten Esel mit! Er wäre auf die Dauer doch nur ein lästiger Fresser.«

Au, das tat weh! Lästiger Fresser! Dabei habe ich meinen Herrn jeden Tag zum Markt getragen, bei Wind und Wetter. Zur Mühle bin ich getrabt mit den schweren Getreide- und

Mehlsäcken auf dem Rücken. Lästiger Fresser! So schnell wirst du für überflüssig erklärt. Kennst du das?
Als Josef wieder den Stall betrat, weckte er seine Frau und das Kind. Zärtlich streichelte er Maria über die langen, braunen Haare. Er hatte es doch so eilig! Jetzt aber kniete er neben Maria und wartete geduldig, bis sie aufwachte . . .
»Du«, sagte er und gab ihr einen Kuss auf die Stirn. »Es ist erst kurz nach Mitternacht. Wir müssen aufbrechen. Der Bote Gottes hat mich im Traum gewarnt. König Herodes fürchtet sich vor unserem Sohn und will ihn umbringen. Pack alles ein. Ich habe den Esel gekauft. Wir müssen hier weg!«
Maria streifte sich eine Haarsträhne aus ihrem verschlafenen Gesicht. Sie schüttelte den Kopf. »Wo sind wir?«, fragte sie im Halbschlaf.
Josef nahm ihren Kopf in seinen Schoß und flüsterte: »Mach dir keine Sorgen. Es wird alles gut! Ich habe das Wichtigste bereits eingepackt. Wir dürfen keine Zeit verlieren. Im Schutze der Nacht müssen wir die Stadt verlassen. Herodes trachtet unserem Sohn nach dem Leben. Komm!«
Maria schaute zu mir herüber. Ich nickte und scharrte mit dem Fuss. Sie verstand meine Sprache, stand auf, wechselte dem kleinen Jeschu die Windeln, nahm ihre Tasche, kam auf mich zu und fragte: »Und du, werden wir beide dir nicht zu schwer?« Dabei kraulte sie meinen Hals.
Josef hob zuerst Maria auf meinen Rücken und legte ihr dann das Jesuskind in die Arme. Dann nahm er die Stalllaterne vom Haken, setzte seinen Hut auf und griff nach dem Wanderstab. »Leb wohl!«, rief er dem Ochsen zu. »Und danke für alles!«
So trabten wir los in die Nacht. Wolken verdeckten den Himmel. Jetzt galt es den Hufen zu trauen. Wenn du nicht gut siehst, musst du deine Füße vorsichtig setzen. In Eile darfst du dennoch nicht hasten, sonst stolperst du. Aber was erzähl ich euch. Es war ja auch nicht die erste Nachtwanderung für

mich. Josef murmelte Verse vor sich hin. Einen Satz wiederholte er ständig, den habe ich mir gemerkt: *Finsternis ist nicht finster vor dir. »Finsternis ist wie Licht.«* (Ps. 139, 12)
Dummes Zeug, dachte ich. Man sieht nicht einmal bis zum nächsten Baum!
An den Sternen, die manchmal durch die Wolkendecke funkelten, konnte ich erkennen: Wir reiten nach Süden, in Richtung Ägypten.
Wenn du dann so dahintrabst durch die Nacht, machst du dir deine Gedanken. Warum fürchtet der König Herodes das Jesuskind? Es ist doch ein hilfloser Säugling. Was ist das für ein Mensch, der sich vor einem Kind fürchtet? Wisst ihr eine Antwort?
Viele Menschen waren auf der Flucht. Lauter arme Leute. Familien mit Kindern. Einige weinten und jammerten: »Mama, warum müssen wir von Zuhause weg und alles stehen und liegen lassen? Mein Pferdchen hätte doch sicher in der Tasche noch Platz gehabt . . . Warum durfte ich meinen Holzstall nicht mitnehmen? Mama, ich kann nicht mehr. Wann sind wir endlich da? Du hast gesagt, es dauert nicht mehr lange. Meine Beine tun mir weh.«
»Du weißt doch«, versuchte eine Mutter ihren Sohn zu trösten, »Papa konnte die Schulden nicht mehr bezahlen. Wir mussten über Nacht fliehen. Der Großgrundbesitzer hat verlangt, dass du, deine beiden Brüder und ich auf seinen Feldern arbeiten. Wir hätten uns alle zu Tode schuften können und wären doch unsere Schulden nie losgeworden.«
»Ich hätte euch mitgeholfen«, rief eines der Kinder dazwischen. »Ich auch«, antwortete ein anderes.
Die Mutter schüttelte den Kopf. »Wir hätten nur für die Zinsen arbeiten müssen.«
»Zinsen?«, fragte der älteste Junge. »Was ist das?«
Nein, ich kann euch nur sagen, es war nicht zum Aushalten. Ich versuchte meine Ohren umzuklappen, um nicht all das

Jammern und Klagen mitanhören zu müssen. Aber ich sagte es schon: Ich höre zu gut. Jene junge Mutter, die mit den Nerven am Ende war. Sie schrie ihre Wut heraus: »Alles haben sie mir genommen. Mein Haus angezündet, das Feld zertreten, nur weil ich eine . . .« Tränen erstickten ihre Stimme.
Josef nahm ein wenig Weihrauch, streute es auf einen Stein und zündete es an. Das gab einen merkwürdigen Duft, der mir in die Nase kroch, sodass ich ständig niesen musste. Aber die junge Frau beruhigte sich dabei. Sie setzte sich auf einen großen Stein und wiegte ihr Kind in den Schlaf.
Oh, ihr meint, auf der Flucht wären alle Menschen gut zueinander? Dachte ich zuerst auch. Bis ich den Mann mit dem schwarzen Bart beobachtete. Er machte sich gerade über Josefs Werkzeugkiste her. Mit einem lauten Schrei schreckte ich Josef aus dem Schlaf und zeigte mit dem Kopf auf den Dieb. Der war sehr überrascht. Er glaubte, alle würden fest schlafen. Josef packte ihn hart am Kragen und zog ihm Axt und Säge unter seinem Kittel hervor.
»Hier«, sagte Josef dann, »wenn du Hunger hast, kauf dir Brot.« Josef reichte ihm zwei Münzen. Ich schüttelte unwillkürlich den Kopf. Er beschenkt den Dieb? Der Mann mit dem schwarzen Bart war sehr verlegen. Er zögerte, das Geld einzustecken. Dann verbeugte er sich tief vor Josef und bedankte sich. Auf einmal zog er eine Bürste aus der Tasche und zeigte auf mich. Josef nickte und der fremde Mann begann mein Fell zu bürsten. Mir war das gar nicht recht. Könnt ihr euch denken.
Wie es uns an der Grenze ging, wollt ihr wissen? Nun, Grenzen gab es keine. Aber an der Sprache der Menschen und an ihrer Kleidung erkannten wir, dass wir Ägypten erreicht hatten. Ein Mann kam auf uns zu und fragte etwas. Josef zuckte mit den Schultern. Er zeigte auf Maria mit dem Kind und bildete dabei mit beiden Armen ein Dach über dem Kopf. Der fremde Mann verstand. Er nahm mich am Zügel

und führte uns zu sich nach Hause. Plötzlich blieb der Fremde stehen, schaute auf das Jesuskind und schüttelte den Kopf. Dabei zeigte er mit einer Hand auf sich. Tränen kamen ihm in die Augen. Ich verstand seine Zeichensprache nicht. Ich war auch zu sehr mit der bangen Frage beschäftigt, was aus mir werden sollte. Während Josef und Maria mit dem Kind ins Haus gingen, führte mich der Ägypter in einen dunklen Stall und band mich fest.
Ach so, dachte ich. Man braucht mich nicht mehr!
Ich weiß nicht, wie lange ich so dastand und vergeblich versuchte, das Dunkel mit meinen müden Augen zu durchdringen.
Ein eigenartiger Geruch von Tieren kroch in meine Nase. Grunzende Laute drangen an mein Ohr, Geräusche, die ich vorher nie gehört hatte. Die Gedanken drehten sich in meinem Kopf. Warum nimmt der fremde Mann uns bei sich auf? Er kennt uns doch gar nicht. War er selbst einmal in Not, vielleicht sogar auf der Flucht? Reich ist er jedenfalls nicht, das erkannte ich an seinen Kleidern. Aber aus seinen Augen leuchtete eine große Freude. Er hat, glaube ich, die Not von Maria und Josef erkannt und sich gesagt: Denen muss geholfen werden, sie sind wie ich.
Beim Nachdenken hatte ich mich hingelegt und war dabei eingeschlafen. Plötzlich wurde die Tür geöffnet und Josef kam herein. Einen Eimer Wasser hatte er in der einen, einen Sack mit Hafer in der anderen Hand. Jetzt erkannte ich die Tiere neben mir. Rosig sahen die aus, hatten gar kein richtiges Fell, einen spitzen Kopf mit breiten herunterhängenden Ohren. Ihr Mund war vorne kreisrund mit zwei Löchern drin. Solche Tiere hatte es in meiner Heimat Israel nicht gegeben. Josef streichelte mich. »Du hast uns das Leben gerettet«, sagte er. »Ohne dich hätten wir drei die Flucht nicht geschafft.«
Mit beiden Händen reichte er mir den Hafer. »Nimm und iss, iss dich satt.«

War es mein voller Bauch? Oder die warme Abendsonne, die durch die offene Tür schien? Ich weiß es nicht. Die Gedanken drehten sich in meinem Kopf und zugleich war ich todmüde.
Ich, der Esel, soll dem Heiland der Welt das Leben gerettet haben?

31. Du bist gesegnet
(Lukas 2)

Ich war damals neun Jahre alt. Zur Schule bin ich nur zwei Jahre lang gegangen, bis ich lesen und schreiben konnte. »Das reicht«, hatte mein Vater gesagt. Mir war das nur recht, denn die Jungen haben mich damals oft ausgelacht. Ich habe lange, feuerrote Haare und viele Sommersprossen im Gesicht. So blieb ich zu Hause und half meinem Vater in der Küche, denn mein Vater war der Gastwirt vom »Lamm« in Bethlehem. Wenn wenig Gäste da waren, stromerte ich in der Stadt herum. Oft lief ich auch auf die Hügel vor der Stadt, zu den Hirten und ihren Schafen, da war immer was los.

Unsere kleine Stadt war in jenen unvergesslichen Tagen, von denen ich erzählen will, voller Menschen. Aus aller Herren Länder waren sie herbeigereist. Männer mit breiten Hüten und langen Bärten, Frauen mit Schmuck beladen, in bunten Kleidern. Ich fand das herrlich. Bis unters Dach waren alle Zimmer belegt.

Meine Eltern hatten sogar ihr eigenes Schlafzimmer bereit gestellt und schliefen auf dem Fußboden in der Wohnstube. In ihren Betten übernachteten Herr und Frau Cohen, ein reiches Ehepaar aus Tiberias am See Genezareth.

Am Mittag, es war gerade etwas ruhiger, weil die Fremden alle im Rathaus waren, um sich in die Steuerliste eintragen zu lassen, nahm mich meine Mutter beiseite. »Hanna«, sagte sie, »du musst heute wieder in der Küche mithelfen. Vater schafft das alleine nicht mehr. Du weißt, Vaters Herz.« In letzter Zeit hatte mein Vater sich öfter an die Brust gefasst und über Herzschmerzen und Schlaflosigkeit geklagt. Ich verstand: Mit Spielen war heute nicht viel los.

Als ich die Küche betrat, war mein Vater wütend. »Die glauben wohl, wir seien ein Hotel! Wir sind nur ein Gasthaus, ein einfaches Gasthaus«, rief er. »Ich kann nicht vier Gerichte mit Vor- und Nachspeise anbieten. Mehr als zwei schaff ich nicht.«

Als dann am Abend das junge Paar vor der Tür stand und der Mann nach einem Bett für seine Frau fragte, die bald ein Baby bekommen würde, da wäre mein Vater fast durchgedreht. »Ich hab beim besten Willen keinen Platz mehr«, schrie er und knallte die Tür zu.

Mutter hat die beiden dann heimlich ums Haus herum in den Stall geführt. Ich bin ihnen nachgeschlichen. Die junge Frau legte sich sofort auf den Strohsack, den Mutter ihr reichte. Sie war todmüde. Ihr Mann setzte sich neben sie auf den Stallboden und streichelte ihre Hand. »Wir schaffen das schon«, sagte er immer wieder.

Dann ging alles sehr schnell. Mutter schickte mich in die Küche, um den Badezuber und warmes Wasser zu holen.

Als ich zurückkam, stöhnte die junge Frau ganz fest. Ich war sehr aufgeregt. Zum ersten Mal erlebte ich mit, wie ein Mensch geboren wurde. Meine Mutter hat der jungen Frau, Maria hieß sie, gut zugeredet. Dann auf einmal – der erste Schrei des Kindes. »Ein Junge«, rief meine Mutter. Maria nickte, als wüsste sie es schon. »Ja«, sagte sie leise. »Das ist Jeschu, das heißt ›Gott hilft‹.«

Meine Mutter hat den kleinen Jeschu gebadet und ihn dann seiner Mutter Maria an die Brust gelegt. Ich konnte hören, wie der kleine Jeschu trank und dabei schmatzte. Ganz vorsichtig hat Maria den kleinen Jeschu dann in Windeln gewickelt und ihm dem Mann, Josef hieß er, gegeben: »Hier, nimm du ihn«, sagte sie. »Ich bin so müde.«

Josef wusste nicht so recht, was er mit dem Kleinen machen sollte. Mir kam eine Idee. Ich holte die alte Futterkrippe hinten aus dem Stall, füllte sie mit frischem Stroh und brachte sie dem Mann. »Hier«, sagte ich leise. Josef verstand sofort. »Toll«,

sagte er, »ein richtiges kleines Bett. Warte«, flüsterte er und legte mir den kleinen Jeschu in die Arme. Dann zog er aus seinem Gepäck eine Wolldecke hervor und legte sie so in die Krippe, dass die eine Hälfte zum Zudecken blieb.
Der kleine Jeschu lag ganz still in meinen Armen und atmete gleichmäßig. Dann machte er ganz langsam die Augen auf und sah mich an. Ganz lange hat er mich angesehen. Das war so schön. Ich hatte das Gefühl: Kleiner Jeschu, du bist auch für mich geboren. Josef stand da und wartete. Seine Augen strahlten wie bei einem stolzen Vater. Dann nahm er Jeschu von meinen Armen, legte ihn ganz vorsichtig in die Futterkrippe und deckte ihn zu.
Plötzlich ging die Stalltür auf. Mein Vater kam wütend herein. »Was ist denn hier los?«, rief er und verstummte, als sein Blick auf die Krippe fiel. Ganz langsam kam er näher, sah sich verlegen um und zog die Schürze aus. Dann faltete er seine großen Hände. Lange blieb er so vor der Krippe stehen und schaute auf das Kind. »Entschuldigt«, flüsterte Vater dem Josef zu und schlich aus dem Stall.
Er war kaum draußen, da hörte ich Gepolter und Stimmen vor der Tür. »Hier kann das unmöglich sein«, rief eine tiefe Männerstimme. »Doch«, rief ein anderer, »hier muss es sein. Der Bote Gottes sagte doch: Ihr findet das Kind in einer Futterkrippe im Stall. Hier ist doch ein Stall, da wird auch eine Krippe drin sein.« Die Tür wurde aufgestoßen und drei Hirten traten ein. Der warme Schein der Stalllaterne fiel auf ihre traurigen Gesichter. Ich erkannte sie sofort: Dan, Ephraim und Sebulon. Wir Kinder waren oft bei ihnen draußen auf dem Feld und haben uns von ihnen zeigen lassen, wie man eine Flöte schnitzt oder eine Steinschleuder bastelt.
Es müssten doch vier sein, dachte ich plötzlich. Ja, Gerschom fehlte. Gerschom, der mit der schwarzen Augenklappe, der so bedrohlich aussieht. Ich kannte Gerschom gut. Oft hatte er uns vom Kampf mit der Bärin erzählt. Die hatte ihm mit der

Pranke quer übers Gesicht gekratzt. Das linke Auge hat Gerschom bei diesem Kampf verloren, und eine tiefe Narbe entstellt seitdem sein Gesicht.
Ich schlich leise durch die Hintertür nach draußen. Da saß tatsächlich Gerschom ganz allein auf dem Gartenzaun. Hatte er sich nicht getraut reinzukommen? Oder haben ihm die anderen gedroht: Bleib draußen, du machst dem Kind nur Angst!? »Komm«, sagte ich, »wir gehen durch die Hintertür.« Und Gerschom ging tatsächlich mit mir. Er blieb lange hinter einem Holzbalken stehen und wartete, bis seine Freunde aufgestanden waren. Dann ging Gerschom leise zur Krippe, kniete auf den Boden und blieb ganz still. Vorsichtig zog er dann die Kette mit der kleinen Olivenholzschachtel unter seinem Hemd hervor. Die winzige Schachtel hatte Gerschom selbst geschnitzt. Darin lag ein funkelnder Stein, den er in einer Höhle gefunden hatte. Gerschom legte die Kette mit der Schachtel behutsam auf die Krippe, als würde er ein Stück von seinem Herzen verschenken.
»Danke«, sagte er dann, verbeugte sich tief vor dem schlafenden Jeschu und lief seinen Kameraden nach.

Ich war sehr müde und ging bald darauf schlafen. »Danke, lieber Gott, es war der schönste Abend, den ich erlebt habe«, sagte ich und schlief sofort ein.
Am nächsten Morgen wachte ich sehr früh auf. Mein Vater war auch gerade aufgestanden. »So gut«, sagte er zu Mutter in der Küche, »so gut habe ich schon lange nicht mehr geschlafen. Mein Herz schlägt auch viel ruhiger und tut nicht mehr weh.«
Warum mein Vater ganz gegen seine Gewohnheit anordnete, dass alle Gäste im Haus, ob arm oder reich, das gleiche Essen mit Fleisch bekommen sollten, verstand ich nicht. Ich hatte vielmehr Sorgen, dass die reichen Gäste sich beklagen und weniger bezahlen würden.

Manches hat sich seit jener Nacht, als Jeschu bei uns im Stall geboren wurde, geändert.
Sogar den Nachbarn, Jonathan, grüßte Vater wieder. Mit Jonathan hatte es vor einem halben Jahr einen Mordskrach gegeben. Jonathans Ziegen hatten nämlich in unserem Garten alles Gemüse gefressen.
Von dem Abschied des Jeschu in unserem Haus habe ich gar nichts mitbekommen. Alle waren plötzlich mitten in der Nacht aufgebrochen. Tieftraurig ging ich in den Stall. Da stand die leere Futterkrippe. Ich legte meine Hände hinein und versteckte sie im Stroh. Mit einem Mal fühlte ich einen harten Gegenstand. Ich wühlte ihn hervor. Es war eine Tonscherbe. *Meborächät* steht darauf. Das heisst: »Danke« oder »Gesegnet bist du.« Ich habe ein kleines Loch durch die Scherbe gebohrt, einen Faden durchgezogen und trage sie nun immer bei mir. Auch bei mir ist vieles anders geworden. Ich bete nicht mehr: Lieber Gott, lass meine roten Haare schwarz werden oder lass die Sommersprossen aus meinem Gesicht verschwinden. Ich weiß, damit muss ich leben, die roten Haare und die Sommersprossen gehören zu mir. Es macht mir auch weniger aus, wenn die Jungen mich auslachen. Ich lache einfach mit und denke dabei an Jeschu, wie er mich angeschaut hat. Merkwürdig, die anderen hören dann bald auf, mich zu ärgern.
Beim Gewitter, wenn es draußen kracht und blitzt, bin ich früher immer zu meiner Mutter ins Bett gekrochen. Seit jener Nacht habe ich mir oft gesagt: Meborächät, gesegnet bist du. Jeden Morgen spreche ich das kurze Gebet, das mein Opa mir beigebracht hat: *Wenn mein Weg durch Angst führt, machst du, Gott, mir Mut.* (Psalm 138, 7)
Seitdem Jeschu hier war, sagt meine Mutter, habe ich mich sehr verändert. Das stimmt – jetzt kann ich über vieles lachen.

Quellen

Die Bibel nach der Übersetzung Luthers, Deutsche Bibelgesellschaft Stuttgart, Stuttgart 1989

Die Bibel im heutigen Deutsch, Die Gute Nachricht des Alten und Neuen Testaments, Deutsche Bibelgesellschaft, Stuttgart ^{2}1982

Die Heilige Schrift des Alten und Neuen Testaments, Die Züricher Bibel, Deutsche Bibelstiftung, Stuttgart ^{17}1980

Claus Westermann, Genesis Kapitel 1–11, Neukirchen ^{3}1983

FÜR PREDIGT, UNTERRICHT UND GRUPPENARBEIT

Markus Arnold
24 Geschichten zu den Festtagen im Kirchenjahr
Für Familiengottesdienste, Katechese und Religionsunterricht
160 Seiten
24 unterhaltsame und anregende Geschichten zu den wichtigsten Festtagen im Kirchenjahr sprechen Kinder und Erwachsene gleichermaßen an und bieten einen vollwertigen Predigtersatz.

Katharina Seidel
Moderne Gleichnisse
Für Unterricht, Predigt und Gruppenarbeit
160 Seiten
Zeitgenössische Parabeln, die lebendige christliche Lehre vermitteln; eine bunte Fülle knapper Geschichten zu einem reichhaltigen Themenangebot. Diese Texte stimmen nachdenklich, rütteln wach, aktivieren verhaltenen Protest, fordern zum Widerspruch heraus.

Katharina Seidel
Kurze Geschichten
Für Unterricht, Predigt und Gemeindearbeit
140 Seiten
Ein Lese- und Arbeitsbuch, das sowohl literarischen Ansprüchen als auch praktischen Anforderungen für Unterricht, Predigt und Erwachsenenbildung entgegenkommt.

rex verlag luzern

BIBELARBEIT MIT KINDERN

Bühlmann, Walter/Schwegler, Annemarie/Egger, Christine
Betlehem vor 2000 Jahren
32 Seiten, ganzseitig farbig illustriert, ab 6 Jahren
Bibelwissenschaftliches Fachwissen in einem prächtigen Bilderbuch. Spannende Hintergründe eröffnen einen neuen Zugang zu einer altvertrauten Geschichte.
Welche astronomische Erscheinung verbirgt sich hinter dem Stern von Betlehem? Gab es den Kindermord von Betlehem wirklich?

Bühlmann, Walter/Schwegler, Annemarie/Egger, Christine
Jerusalem vor 2000 Jahren
32 Seiten, ganzseitig farbig illustriert, ab 6 Jahren
Dieses Bilderbuch deckt verblüffende Hintergründe auf und liefert spannende Informationen rund um die Passionsgeschichte des Neuen Testamentes.
Wie hat Jesus Jerusalem gesehen? Wie war der tägliche Opferkult im Tempel organisiert?

Bühlmann, Walter/Schwegler, Annemarie/Egger, Christine
Nazaret vor 2000 Jahren
32 Seiten, ganzseitig farbig illustriert, ab 6 Jahren
Dieses Bilderbuch deckt verblüffende Hintergründe auf und liefert spannende Informationen rund um das Städtchen Nazaret im Neuen Testament. Farbige, großflächige Illustrationen und packende, leicht lesbare Texte schaffen einen neuen Zugang zum damaligen sozialen Leben: Wie haben Maria, Josef und Jesus nach der Flucht vor König Herodes gelebt? Warum war Wasser wertvoller als Gold? Hatte Jesus einen Beruf?

rex verlag luzern